Alexander Batthyány

Die Überwindung der Gleichgültigkeit

Alexander Batthyány

Die Überwindung der Gleichgültigkeit

Sinnfindung in einer Zeit des Wandels

Kösel

MIX
Papier aus verantwortungsvollen Quellen
FSC® C014496

Verlagsgruppe Random House FSC® N001967

2. Auflage

Neumarkter Str. 28, 81673 München
Umschlag: Weiss Werkstatt, München
Satz: Uhl + Massopust, Aalen
Druck und Bindung: GGP Media GmbH, Pößneck
Printed in Germany
ISBN 978-3-466-37197-6

Weitere Informationen zu diesem Buch
und unserem gesamten lieferbaren Programm finden Sie unter
www.koesel.de

Dieses Buch ist auch als E-Book erhältlich.

Für Juliane, Leonie und Larissa

Inhalt

Der Traum, den wir einst hatten ... 9

Einleitung: Lebenshaltung und Lebensführung 9
Lebensbild und Lebenswirklichkeit 12
Die Krise unseres Menschenbilds: Der verlorene Traum 15
Die soziale Brisanz der heutigen Krise 22
Etwas Gutes ist uns zugedacht: Den Traum wiederfinden 24

Von Anfang bis Ende als Mensch gewollt 28

Der Mensch: Von Anfang an gewollt 28
Werteverlust oder Wertekrise? 32
Reichtum durch Geben: Unsere Freundschaft mit dem Leben 37
Bis wir Abschied nehmen 47
Von Sterbenden für das Leben lernen 52

Die Gegenwart ist offen 56

Die unverbindliche Daseinshaltung der Gegenwart 56
Fragen, die das Leben stellt 59
Der Mensch: Mehr als ein Produkt der Vergangenheit 62
Die Gegenwart als offener Raum 68

Mitten im Leben Freiheit 72

Der Mythos des Abreagierens 72
Dem Schlechten Gutes entgegenbringen 75
Was Entscheidungen bewirken können 79

Der Mythos der Abhängigkeit 85
Von der eigenartigen Ökonomie der Liebe 87

Mitten in der Freiheit Verantwortung 93

Die Hoffnung und den anderen im Blick bewahren, weil es vernünftig ist 93
Die unerlebte Fröhlichkeit des Alltags 97
Über das Überwinden innerer Hindernisse 104
Ermutigung zur Freiheit: Handeln ist mehr Erleben 110
Über den Raub der Freiheit und seine Kosten 119

Über die Welt zum Ich 128

Von der schwierigen Frage, was der Mensch will 128
Was macht uns glücklich und was sagt das über das Leben selbst aus? 130
Reduktionismus im Hospiz 137
Wenn das Ich die Welt aushungert 145
Kann man sein Glück überhaupt wollen? 148
Die zu viel wollen 152

Vom rechten Wollen 160

Gefühle sind kein Selbstzweck 160
Zuständliche und gegenständliche Gefühle 162
Selbstbewusstsein und Selbstwert 179
Der siebente Tag: Sabbat in Permanenz 193

Nachwort – von Elisabeth Lukas 199

Danksagung 201

Bibliografie 203

Über den Autor 208

Der Traum, den wir einst hatten …

Einleitung: Lebenshaltung und Lebensführung

Dieses Buch handelt von zwei der menschlichsten Regungen überhaupt: von der Hoffnung und der Bereitschaft, engagiert und wohlwollend am Leben teilzunehmen. Und von der Fähigkeit, einen Sollzustand in der Welt als Auftrag und Anfrage an uns selbst wahrzunehmen: Als Auftrag etwa, dort etwas zum Guten zu wenden zu versuchen, wo man andernfalls bloß schulterzuckend vorbeigegangen wäre.

Es handelt auch von den Gründen, die uns daran hindern können, ein interessiertes, existenziell großzügiges, aufmerksames und zum Teilen bereites, offenes Leben zu führen. Ein Leben, das seine Stärke nicht nur daraus gewinnt, dass wir an uns selbst denken, sondern vor allem daraus, dass wir ansprechbar und interessiert und engagiert bleiben – und zwar auch dann und obwohl uns mit einiger Sicherheit manches von dem, was wir uns vornehmen, nicht oder nur sehr unvollkommen gelingen wird.

Von Florence Foster-Jenkins, der von Musikkritikern einhellig beschieden wurde, sie sei vermutlich die schlechteste Sängerin der Welt, ist der schöne Satz überliefert: »Die Leute mögen sagen, ich könne nicht singen. Aber keiner kann sagen, ich hätte nicht gesungen.« Und es soll keiner sagen können, wir hätten nicht zumindest versucht, dem Leben unser Bestes zu geben – was allerdings voraussetzt, dass wir die Hoffnung nicht aufgeben oder sie, wo das nötig ist, wiedergewinnen.

Von ebendieser Hoffnung handelt dieses Buch. Es handelt genauer von den vielfältigen Beziehungen zwischen unserer Hoffnung, unserem Selbstbild, Weltbild und Menschenbild und unserem persönlichen Erleben, Denken, Entscheiden, Verhalten und Handeln. Es handelt von Einstellungen und Werten und auch davon, dass es Welt- und Selbstbilder gibt, die unser Leben und Zusammenleben eher gelingen lassen, und solche, die uns und anderen sowohl das Leben als auch selbst noch das Sterben schwerer machen, als es womöglich sein müsste. Der Blick auf das eigene Selbstbild, Menschenbild und Weltbild ist nicht nur ein Schlüssel zum *Verstehen* unseres Erlebens und Handelns, sondern auch zur *Veränderung* und *Reifung* und schließlich: zu einem gelingenden, erfüllenden Leben – persönlich und sozial.

Denn Einstellungen lassen sich ändern. Das gelingt nicht nur durch Überzeugungsarbeit und Appelle (damit sogar meist weniger), sondern vor allem durch das Verstehen und Anerkennen einiger mitunter überraschend einfacher, aber umso leichter vergessener oder übersehener Gegebenheiten des Daseins.

Wenn wir diese Gegebenheiten in den Blick nehmen, lassen sich Einstellungen sogar oft *wesentlich* leichter korrigieren. Und diese Korrektur bewirkt auch eine tiefgreifendere und nachhaltigere Veränderung unseres Verhaltens als etwa der bloße Vorsatz, von heute an so und nicht anders zu entscheiden, zu handeln, zu reagieren. Die meisten von uns wissen es aus eigener Erfahrung: Es ist verhältnismäßig leicht, hehre Vorsätze zur Änderung des eigenen Verhaltens zu fassen, aber ebenso schwer, diese Vorsätze auch über längere Zeit konsequent umzusetzen. Zahlreiche psychologische Forschungsarbeiten bestätigen diesen Erfahrungsbefund.[1] Sie legen vielmehr nahe, dass der Schlüssel zum Verstehen und

1 Sheeran, P., et al. (2016). The Impact of Changing Attitudes, Norms, and Self-Efficacy on Intentions and Behavior: A Meta-Analysis. *Health Psychology*, 35, 1178–1188.

Ändern unseres Verhaltens weniger nur im Verhalten selbst, als vielmehr in den unserem Handeln zugrunde liegenden Einstellungen, Erwartungen und Haltungen liegt. Anders gesagt: Unser Handeln und unsere Lebensführung sind bis zu einem gewissen Grad stets auch »Symptom« und Ausdruck unserer Lebenshaltung.

Es gibt somit einen bedeutenden Zusammenhang zwischen dem, was wir über uns, unsere Mitmenschen und die Welt glauben, und dem, was wir von uns selbst, anderen und dem Leben insgesamt erwarten. Und es ist wichtig, wie viel Hoffnung wir in uns selbst und das Leben setzen. Von diesen Erwartungen und Hoffnungen hängt wie gesagt ein Großteil unseres Handelns und Verhaltens, vielleicht sogar unser gesamter Lebensentwurf, ab. Dieser Zusammenhang ist genau genommen so stark, dass sich uns das Verhalten anderer überhaupt erst in dem Maße richtig erschließen will, in dem wir in der Lage und bereit sind, die Dinge so zu sehen, wie sie sich dem anderen darstellen. Das gilt für Individuen ebenso wie für ganze Gesellschaften.

Das Verstehen geschichtlicher Ereignisse oder fremder Kulturen beispielsweise setzt voraus, dass wir uns die Mühe machen, in ihr Welt- und Menschenbild einzutauchen und es nachzuvollziehen. Bis uns das gelingt – und vorausgesetzt, *dass* es uns gelingt –, wird die Begegnung mit einer fernen geschichtlichen Epoche oder Kultur eine Begegnung mit etwas Fremdem und als solche vielleicht exotisch und interessant sein, letzten Endes aber unbegreiflich und verborgen und stets nur Stückwerk bleiben. Der Grund: Die Welt des anderen hat sich uns noch nicht erschlossen; es ist uns »gedanklich fern« – also erschließt sich uns auch sein Verhalten und Handeln nicht:

> A vereinbart mit B, dass er diesen am nächsten Morgen begleiten werde, ein Haus zu besichtigen, das B erwerben will. Die beiden machen sich auf den Weg; plötzlich erklärt B, er werde das Haus doch nicht heute besichtigen und vielmehr nach Hause zurückkehren. Er gibt anfänglich keine Gründe

> an; auf Drängen sagt er schließlich: »Aber haben Sie denn nicht die schwarze Katze gesehen, die über den Weg lief? Es wäre sicher nichts Gutes herausgekommen.« B lebt in der Welt des Aberglaubens, der Vorzeichen, in der Ereignisse beachtenswert und bedeutungsvoll, bestimmend für das Handeln werden, die in der Welt des A einfachhin nicht existieren, weil die dort keine Rolle spielen.[2]

Schwarze Katzen gibt es auch in der Welt desjenigen, der ihnen keine größere Bedeutung beimisst. Aber es ist gerade diese zusätzliche Bedeutung oder auch genereller die Bereitschaft, hinter Vorkommnissen und Dingen, die dem einen ganz belanglos erscheinen, weitere Bedeutungszusammenhänge zu vermuten, die den Unterschied zwischen Verstehen und Unverständnis unseres eigenen Verhaltens oder des Verhaltens anderer ausmacht.

Lebensbild und Lebenswirklichkeit

Nun ist das Verstehen und Nachvollziehen anderer Standpunkte, das sagt uns die psychologische Forschung ebenso wie wahrscheinlich auch die Alltagserfahrung der meisten, kein besonders leichtes Unterfangen.[3] Mehr noch – dieselbe Forschung legt auch nahe, dass uns nicht einmal das Verstehen und Nachvollziehen unserer eigenen Welt- und Selbstbilder immer und auf Anhieb gelingen will.[4] Das liegt vermutlich unter anderem daran, dass ein

2 Allers, R. (1963/2008). *Abnorme Welten. Ein phänomenologischer Versuch zur Psychiatrie.* Hrsg., kommentiert und eingeleitet von A. Batthyány. Weinheim/Basel: Beltz, S. 155.

3 Keysar, B., Lin, S., & Barr, D. J. (2003). Limits on Theory of Mind Use in Adults. *Cognition, 89* (1), 25–41.

4 Wilson, T. (2002). *Strangers to Ourselves: Discovering the Adaptive Unconscious.* Harvard: Harvard University Press.

Großteil der Einstellungen und Ideen, die unserem Welt- und Menschenbild zugrunde liegen, nur selten bewusst erworben und noch seltener regelmäßig rational auf ihre Wirklichkeitsnähe hin durchleuchtet wurden und werden.

Würde man sie aber durchleuchten, würde man vielleicht bald feststellen, dass manche dieser Einstellungen gar nicht mehr zu unseren Lebenswirklichkeiten passen, womöglich sogar widersprüchlich sind (»Gleich und gleich gesellt sich gern« ist mindestens so einleuchtend wie »Gegensätze ziehen sich an«). Wieder andere mögen sich kurzfristig bewähren, uns aber langfristig mehr Schaden als Nutzen bringen; und wieder andere mögen nur uns Nutzen bringen, unsere Umwelt und Mitmenschen aber schädigen, entwerten, verletzen. Wobei im Folgenden noch zu untersuchen sein wird, ob Verhalten, das nur uns nutzt und das Wohlergehen anderer ignoriert, nicht auch zu jenen Lebensweisen zählt, die uns selbst langfristig am meisten schaden: entweder, weil wir durch ein solches ichbezogenes Handeln weit hinter dem zurückbleiben, was wir an Talenten und Fähigkeiten für das Gute und Wertvolle einzusetzen und in die Welt auszusenden fähig wären; oder, weil wir heute auf das Wohlwollen, die Hilfe und Unterstützung eben jener Menschen angewiesen sein können, die wir gestern noch als bloßes Mittel zum Zweck für unser eigenes kleines »Glück« benutzten.

So oder so: Am Beispiel der egoistischen Lebenshaltung lässt sich leicht illustrieren, wie eng die Beziehung zwischen unserem Lebensglück und unserer Lebenseinstellung wirklich ist. Diese Einstellung, von der man eigentlich im ersten Moment erwarten sollte, dass sie zumindest – oder wenigstens – dem, der sie sich zum Lebensprinzip gemacht hat, dienlich sein sollte, kann viel Leid hervorbringen. Eine solche Haltung zu korrigieren, ist um ein Vielfaches leichter, wenn man sie als das begreift, was sie wirklich ist: nämlich ein grundlegendes existenzielles Missverständnis über das Verhältnis zwischen unserem persönlichen Lebensglück, unserer Erfüllung und dem, was wir von uns und der Welt erwarten. Anders formuliert: Was sich im Endresultat wie ein moralisches Defizit ausnimmt, ist unter einem anderen Blickpunkt oft nur die Folge einer Lebenshaltung, die sich wohl die wenigsten zu eigen gemacht haben, *weil* sie ichsüchtig und moralisch etwas fragwürdig ist. Wenn man dem Egoisten seinen Egoismus vorhält, nimmt man daher nicht selten einen vergeblichen Kampf auf. Man kämpft gegen ein *Symptom* an, nicht aber gegen dessen Gründe und Ursachen. »So ist die Welt nun einmal – jeder muss an sich und seinen Vorteil denken, weil niemand anderer es für einen tut«, mag der Egoist zum Beispiel denken.

In einer so gedeuteten Welt stellen nicht nur schwarze Katzen, sondern nahezu alle Menschen eine Bedrohung dar. Sie werden zu Gegnern, Konkurrenten, Feinden. Auch wenn einem also das Verhalten, das aus einer solchen Haltung erwächst, moralisch zweifelhaft erscheint: Es wäre ungerecht, dem Betroffenen sein trauriges Missverständnis und Misstrauen, das seiner Lebenshaltung zugrunde liegt, vorzuwerfen. Denn niemand sucht sich bewusst aus, einem Missverständnis zum Opfer zu fallen. Wer sich daher in einer von ihm als kalt und egoistisch erlebten (oder gedeuteten) Welt selbst kalt und egoistisch verhält, muss deswegen nicht unmoralisch sein; er kann auch bloß glauben und sogar selbst beklagen, dass die Spielregeln des Lebens nun einmal so geartet sind. Deswegen macht es auch wenig Sinn, ihm mangelnde Moral vorzuhalten. Helfen und aus seiner egoistischen Abgeklärtheit befreien kann sich ein solcher Mensch vielmehr dadurch, dass er seine Sicht auf die Welt nochmals durchleuchtet und dabei vielleicht erkennt, dass die Spielregeln des Lebens letztlich bei Weitem nicht so unbarmherzig sind, wie er bislang angenommen hat. Vielleicht erkennt er dann auch, dass er womöglich gerade durch sein eigenes Verhalten das wahr macht, was er von der Welt und der menschlichen Natur befürchtet.

Kurz: Ein Schlüssel zum Menschen ist das Bild, das er sich von sich, von anderen Menschen und der Welt macht. Leider scheint es, als ob gerade die Gegenwart von einer Krise des Menschenbilds sondergleichen heimgesucht wird. Vielleicht stand sich der Mensch – womöglich auch angesichts der historischen Entgleisungen und Katastrophen des vergangenen Jahrhunderts, womöglich aber auch angesichts des unerhörten Reichtums und der schier endlosen Möglichkeiten unserer Tage – selbst noch nie so fremd und misstrauisch gegenüber wie heute, vielleicht auch noch nie so existenziell obdachlos in einer Welt, die ja trotz allem Unglück des letzten Jahrhunderts und trotz aller Verunsicherung dennoch vorübergehend seine Heimat ist.

Die Krise unseres Menschenbilds: Der verlorene Traum

Viele Menschen beklagen heute eine Krise unserer Werte und sagen damit nichts anderes, als dass ihnen ihre eigenen oder Lebensentwürfe im Allgemeinen fraglich oder wenigstens hinterfragenswert vorkommen, sie aber auf der Suche nach verbindlichen und tragfähigen Antworten nicht fündig werden. Irgendwie, so scheint es, haben viele und hat vielleicht ein beachtlicher Teil der Wohlstandsgesellschaft im Allgemeinen den Kompass verloren und mit dem Kompass den Blick auf Haltung, Richtung und den eigenen Lebensweg, vom eingangs erwähnten Lebensidealismus und der Hoffnung ganz zu schweigen.

Die psychologische Forschung weiß in diesem Zusammenhang von einem zunehmend um sich greifenden Lebensgefühl der Demoralisierung, Lebensskepsis, Unverbindlichkeit, Resignation und Verunsicherung vor allem in den reichen Industrienationen zu berichten.[5] Menschen ziehen sich in der Folge zurück von einer

5 Für eine Studienübersicht, siehe Kap. 1 in: Batthyány, A., Guttmann, D. (2005). *Empirical Research in Logotherapy and Meaning-Oriented Psychotherapy*. Phoenix, AZ: Zeig, Tucker & Theisen.

Welt, von der sie nicht mehr viel erwarten oder von der sie einst viel mehr erwarteten, um sich angesichts unerfüllter Hoffnungen nur umso enttäuschter abzuwenden.

Das ist ein durchaus paradoxes Phänomen, wenn man sich zugleich vor Augen hält, dass diese existenzielle Verwahrlosung sich anscheinend insbesondere dort auszubreiten scheint, wo der Mensch materiell relativ abgesichert ist und kaum unmittelbare Not leidet. Zumindest für Europa und Nordamerika gilt, dass selbst ein relativ entbehrungsreiches Leben noch immer weit davon entfernt ist, wirklich entbehrungsreich zu sein, wenn man etwa den Maßstab der vorhergehenden Jahrhunderte oder ärmerer Landstriche der Gegenwart herbeizieht. Zugleich sind das die beiden Kontinente, in denen sich das vom österreichischen Psychiater, Neurologen und Begründer der Logotherapie und Existenzanalyse, Viktor E. Frankl, so benannte »existenzielle Vakuum« zahlreichen Studien zufolge seit Jahrzehnten am rasantesten ausbreitet. So gut wie seit der Mitte des vergangenen Jahrhunderts ging es dem Menschen in Europa und Nordamerika jedenfalls noch nie (und selten wurde damit zugleich die soziale Ungleichheit, Ungerechtigkeit und leider auch die Gleichgültigkeit des Wohlhabenden gegenüber dem Notleidenden sichtbarer). Der Wohlstand für alle – oder auch nur für viele – hat in einem großen natürlichen Experiment eines jedenfalls recht deutlich gemacht: Das ersehnte erfüllte Leben wird noch lange nicht Wirklichkeit, wenn der Mensch wirtschaftlich und physiologisch grundversorgt ist, in Friedenszeiten leben und sich in wachsender sozialer Freiheit nach seinen eigenen Wünschen und Fähigkeiten entfalten darf. Das Wirtschaftswunder hat vielmehr eine ganze Reihe seltsamer psychologischer Phänomene hervorgebracht, die in dieser Virulenz und Ausbreitung bis dahin unbekannt waren: Mitten im Wohlstand greifen Unzufriedenheit, Langeweile, Verdrossenheit, Gleichgültigkeit, Gewalt, Suchterkrankungen, Sinnlosigkeitsgefühle und Frustration um sich. Die angesichts der Entbehrungserlebnisse der vorvergangenen Jahrhunderte eigentlich naheliegende

Idee, der Mensch werde endlich zu seinem Glück und seiner Erfüllung finden, wenn er keine akute Überlebensnot mehr erleide, hat sich so weit jedenfalls nicht bewahrheitet, wenn und solange dem äußeren Reichtum eine mitunter beträchtliche innere, geistig-seelische Verarmung gegenübersteht. Marx' oft zitierte Wendung, der zufolge das Sein das Bewusstsein bestimme, bestätigte sich somit nicht – vielmehr scheint es vielerorts, als verdunkle das falsche Bewusstsein auch das noch so materiell abgesicherte Sein. Diese Verdunklung zeigt sich heute vor allem in einer um sich greifenden Sinn- und Existenzkrise des »modernen Menschen« – er hat viel, manchmal sogar zu viel oder gar nicht selten viel zu viel, und glaubt bisweilen immer noch, dass er einfach noch mehr bräuchte, um endlich glücklich und erfüllt zu sein. Bis er resigniert und in dieser Resignation auf das bloße Überleben zurückfällt und sich in die Unverbindlichkeit des Alltags und in eine Art fatalistische oder provisorische Erwartungslosigkeit zurückzieht.[6] Alles scheint ihm nun gleichgültig, nichts spricht ihn an. Ein solches Lebensgefühl der Unverbindlichkeit ist seinerseits der Boden, auf dem sich weitere Haltlosigkeit und mangelnde Orientierung ausbreiten können. Wo soll man Halt und Orientierung finden – oder gar: anderen bieten – wenn Unverbindlichkeit den Blick auf die Vielfalt und Wirklichkeit des Lebens verschleiert?

Nun besteht angesichts solcher Befunde über die »Pathologie des Zeitgeists« (Viktor Frankl) kein Grund, alarmistisch zu werden. Man braucht sich diesen Zustand auch nicht dramatischer vorstellen, als er tatsächlich ist. Vielleicht wird er gerade sogar deswegen, weil er meist relativ symptomarm und einigermaßen erträglich ist, oft übersehen und noch öfter resigniert als die Normalität des Alltags hingenommen, vielleicht sogar zur Normalität des Alltags erklärt. Es handelt sich um eine oft stumme Ent-

6 Frankl, V. E. (1949). Aus der Krankengeschichte des Zeitgeistes. *Wiener Universitäts-Zeitung*. I/7.

mutigung oder Verflachung, die sich wie ein trüber Unterton in den Alltag einschleicht und den Betroffenen die Fähigkeit oder Bereitschaft nimmt, aktiv und lebendig am Leben teilzunehmen.

Die vielleicht augenscheinlichsten Merkmale dieses Syndroms sind daher auch vor allem *Mangelerscheinungen*: Zum Beispiel ein Mangel an Begeisterungsfähigkeit, Ansprechbarkeit, ein Mangel aber auch an der Bereitschaft, Eigen- und Mitverantwortung zu übernehmen und sich gestaltend ins Leben einzubringen – also über das Nötigste hinaus am Leben teilzunehmen, mitzuwirken und sich zu engagieren.

Eine Patientin sagte es einmal sehr treffend: Irgendwie gehe sie das Leben nicht so wirklich viel an. Ihr komme vielmehr alles etwas uninteressant und langweilig und das Meiste gleichbedeutend (bzw. bedeutungslos) und ebenso wenig gültig wie das Nächste vor. Das weist schon sprachlich das verbreitete Gefühl der Gleichgültigkeit und des damit einhergehenden Verlusts an Begeisterungsbereitschaft und Interesse aus.

Das Problem ist unter anderem, dass eine solche Lebenshaltung oftmals wie eine sich selbst erfüllende Prophezeiung wirkt: Wen die Welt wenig angeht und wer sich von der Welt und sich selbst nichts oder zu wenig erwartet, und wer sich von nichts oder kaum etwas in der Welt persönlich und verbindlich angesprochen fühlt, der fühlt sich auch dann noch nicht angesprochen, wenn bildlich gesprochen das gesamte Orchester nur auf seinen Einsatz wartet. Er wartet mit, verpasst seinen Einsatz und ist doch feinfühlend genug, um zu merken, dass das Lebensstück um eine Stimme verarmt ist und er selbst zugleich etwas verpasst.

Viele berichten dann von dem vagen Gefühl, das Leben zu versäumen und manches Mal ist man sogar geneigt, dieser Klage zuzustimmen – wenn auch mit einigen Abstrichen. Denn diese Menschen versäumen zwar vielleicht nicht so sehr ihr Leben, aber: ihr Leben versäumt sie. Es richtet sich Tag für Tag mit bestimmten Möglichkeiten und Aufgaben an diese Menschen; es wartet auf ihren Beitrag, darauf, dass sie sich einbringen, darauf, dass sie in der Welt etwas bewirken, das ohne sie nicht, oder nicht so und in dieser Weise, geworden wäre. Aber sie sind oder sie stellen sich taub für diese Anfragen, oder vielleicht sind sie wirklich nicht mehr ansprechbar; oder vielleicht sind sie ansprechbar, zugleich aber so entmutigt oder durch vage Ängste gehemmt, dass sie sich nicht zutrauen wollen oder können, überhaupt etwas Relevantes im Leben zu bewirken. Oder ihr Misstrauen dem Leben gegenüber ist zu groß: Sie halten ihren Beitrag für bedeutungslos oder die Welt gar nicht für form- und gestaltbar und sich selbst daher bloß für ein Rädchen in einem Räderwerk, dessen Mechanik dem Einzelnen selbst gar keine Bedeutung und Eigen- und Mitverantwortung zugesteht.

Vermutlich wäre es falsch, diese Möglichkeiten als Alternativen zu beschreiben, als würde die eine die andere ausschließen. Es ist wohl eher so, dass in ein und derselben Person einmal dieses und einmal jenes Motiv der Entmutigung vorherrschen kann. Auf den einfachsten Nenner heruntergebrochen aber ist es ein ums andere Mal ein resigniertes Welt- oder Menschenbild, vor dessen Hintergrund Unverbindlichkeit und Entmutigung einziehen und jene Initiative, Verantwortung, Lebendigkeit und Lebensfreude untergraben, die menschliches Dasein zugleich doch idealerweise wesenhaft auszeichnen und diesem Leben Sinn, Tiefe und Bedeutung geben.

Die zunehmende Verbreitung dieser resignativen Haltungen überschattet und verdunkelt nicht nur das Leben des Einzelnen, sie hat auch mit Blick auf die gesellschaftliche Entwicklung einen hohen Preis. In der Resignation erblindet man nämlich nicht nur für das eigene Glück, sondern im selben Maße oft auch für das Leid und die Not der anderen. Dabei wäre es gerade die Bereitschaft, sich vom Auftrag, der unausgesprochen mit dem Leid, der Not und Bedürftigkeit anderer im Raum steht, ansprechen zu lassen, die einen von der Gleichgültigkeit befreien könnte.

Es hat somit schon eine besondere Tragik, dass ausgerechnet im Wohlstand und Überfluss der Gegenwart viele mit ihrem Leben so grundlegend unzufrieden und so gelangweilt und frustriert sind, weil es ihnen an sinnvollen Aufgaben zu mangeln scheint – und sie zugleich nicht sehen können oder wollen, wie sehr und wie dringend ihr persönlicher Einsatz eigentlich gefordert wäre und wie viele Sinnmöglichkeiten auf unseren Einsatz und unsere Zuwendung warten, leider oft vergeblich.

Zum anderen trifft die Resignation scheinbar oft gerade diejenigen, die sich enttäuscht vom Leben abwenden, weil und obwohl sie ursprünglich hohe Ideale hatten, diese aber als unerfüllt oder unerfüllbar abschreiben und ihre Hoffnung nun fahren lassen.

In die so entstehende Leerstelle zieht Gleichgültigkeit ein – eben jenes Gefühl, das alle Initiative, jeden Idealismus und Glauben an eine verantwortlich zu gestaltende bessere Zukunft untergräbt und uns auf eine graue Alltagsroutine zurückwirft, die wir ertragen und beklagen und vorübergehen lassen, ohne recht zu wissen, was das Ganze eigentlich für einen Sinn und ob unser Leben irgendeine nennenswerte Bedeutung hat. Einige der psychologischen und sozialen Ursachen, Gründe und Auswirkungen des existenziellen Vakuums werden wir im weiteren Verlauf dieses Buches noch eingehender analysieren – vor allem aber werden wir uns Wege ansehen, wie man wieder aus diesem Vakuum heraus- und zurück ins Leben finden kann.

Eines aber kann man schon vorab ahnen, auch ohne die aktuelle Forschung eingehender zu befragen: Einer Gemeinschaft und der Welt im Gesamten kann es nicht guttun, wenn sie diejenigen als aktive Mitspieler und Gestalter verliert, die überhaupt einmal für Hoffnungen und Ideale offen waren. Denn sie verliert ihre Besten, bzw. sie verliert allgemeiner das Beste am Menschen: seine Bereitschaft, über den Tellerrand seines eigenen momentanen Befindens zu sehen und sich dort ansprechen zu lassen, wo sein Beitrag der Welt guttäte. Damit verliert sie ihr Bestmögliches. Sie verliert nämlich genau jene Kräfte, die in den »natürlichen Verlauf der Dinge« engagiert und wohlwollend einzugreifen bereit sind, auf dass einerseits Neues und Lebendiges in die Welt gesetzt wird und andererseits auch eine noch so brüchige Situation oder abwendbare Not durch unseren Beitrag gewendet werden kann: dass also selbst da, wo der »natürliche Verlauf der Dinge« nichts Gutes verheißen würde, etwas Gutes wachsen oder zumindest Not gelindert werden kann.

Eine solche Welt wird buchstäblich trostlos – denn auch Trost ist etwas, das nicht in den natürlichen Verlauf der Dinge gelegt ist. Trost wächst vielmehr auf dem Boden der Bereitschaft einer Person, sich von der Bedürftigkeit eines anderen ansprechen zu lassen – also das Leid des anderen nicht gleichgültig hinzunehmen, sondern ihm zumindest ein freundliches Wort oder eine helfende Hand zu bieten. Trostlos ist eine Welt aber nicht nur, weil der in der Gleichgültigkeit gefangene Mensch die Gabe verliert, die Trostbedürftigkeit der anderen als etwas zu erkennen, das ihn angeht – sondern auch, weil er selbst seine enttäuschten Hoffnungen und seine subjektiv erlebte Bedeutungslosigkeit vielleicht nie ganz verwinden wird.

Denn er ist und bleibt ja dennoch Mensch; und Hoffnung und der Wille zum Sinn sind zutiefst menschliche, sogar *bestimmende* menschliche Eigenschaften. Auch das belegen mittlerweile zahlreiche psychologische und auch klinische Studien[7], die größtenteils auf den Impuls Viktor Frankls und der von ihm entwickelten Logotherapie und Existenzanalyse zurückgehen. Unter allen uns bekannten Lebewesen ist es einzig der Mensch, der Glauben hat, Hoffnung und Liebe – und allem Anschein nach nur der Mensch in diesem Ausmaß. Das sagt schon viel über unsere Bestimmung aus und es sagt auch viel mehr über die innere und existenzielle Struktur menschlichen Daseins aus, als wir manchmal wahrzu-

7 Kap. 1 und 2 in Batthyány, A., Guttmann, D. (2006). *Empirical Research in Logotherapy and Meaning-Oriented Psychotherapy*. Phoenix, AZ: Zeig, Tucker & Theisen.

haben bereit sind: Idealismus und Verantwortung sind uns in die Wiege gelegt; sie sind Teil unserer Natur.

So ist der Mensch etwa das einzige Wesen, das in die Welt tritt und bereits mit seinem Eintreten in die Welt sieht: Diese Welt ist bedürftig, sie wartet auch auf meinen Beitrag, also lass uns daran mitwirken, dass sie ein besserer Ort für viele wird. Dieser phänomenologische Befund sagt uns zwar noch nicht, ob diese Hoffnungen auch eine objektive Entsprechung haben – er sagt aber zumindest, dass der Mensch nicht nur als das weise (sapiens), sondern vor allem: als das hoffende und nach Sinn strebende Wesen in die Welt getreten ist. Wie gesagt – noch wissen wir nicht und werden im Laufe dieses Buches noch zu untersuchen haben, inwieweit diese Hoffnung bloß ein Wunschtraum oder nicht auch Auftrag und die dem Menschen eigentlich zugedachte Wirklichkeit ist. Wohl aber kann man an dieser Stelle schon sagen: Dieser Traum ist dem Menschen ins Wesen geschrieben. Der unglücklich verabschiedete Traum hinterlässt Leerstellen und verursacht Schmerzen, die sich auch durch eine noch so intensive Betäubung und Ablenkung durch die Freizeitindustrie nicht wirklich stillen lassen werden. Daher die eben erwähnte Trostlosigkeit einer Welt ohne Sinn und Auftrag und Eigen- und Mitverantwortung. Gleichgültigkeit ist die Absage an diese Verantwortung. Sie ist, mit anderen Worten, eine Chiffre dafür, dass man sich aus dem Spiel des Lebens genommen hat. Dort, wo das Leben auf mich zählt, steht jetzt eine Leerstelle.

Die soziale Brisanz der heutigen Krise

Einmal abgesehen von dem privaten Leid, das eine solche Erlebnisweise mit sich bringt, bergen die beschriebenen Entwicklungen des Zeitgeists auch brisante soziale Folgen. Denn leider lassen sich die Kräfte, die diese Leerstelle füllen, nicht immer von positiven Idealen und Hoffnungen leiten. Bisweilen haben sie gar keine anderen als das bloße Eigeninteresse, das sie durchzusetzen versuchen, indem sie auf alle nur denkbaren und meist einfachen Wege die Massen mobilisieren wollen. Dazu Viktor Frankl:

> So kommt es, dass [der verunsicherte Mensch] entweder nur will, was die anderen tun – und da haben wir den Konformismus –, oder aber er tut nur, was die anderen von ihm wollen, und da haben wir den Totalitarismus.[8]

Einer der einfachsten und historisch vielfach erprobten Wege der Mobilisierung einer haltlosen und verunsicherten Masse ist demnach etwa die Fanatisierung. Diese gelingt am leichtesten und schnellsten nicht durch das Fördern und Einfordern positiver Ideale und Verantwortung, sondern durch das Abgrenzen und Herabsetzen von bestimmten Gruppen, oftmals sogar ausgerechnet derjenigen, die eigentlich unsere Unterstützung, Ermutigung und Großherzigkeit am meisten bräuchten.

Es ist daher vermutlich kein Zufall, dass die Zeit eines immer stärker um sich greifenden Resignationsgefühls zugleich auch eine Zeit des erneuten Erstarkens populistischer Protestbewegungen ist, deren Denken meist mehr von Eingrenzung und Ablehnung als von Hoffnung und Aufbruch geprägt ist. Im Kern solcher Bewegungen steht also meist nicht mehr ein Traum, nicht mehr die Hoffnung, nicht mehr die Utopie, sondern die Verunsicherung und Angst, die in die vom einstigen Traum hinterlassene Leerstelle hineinwuchert.[9]

Psychologen und Soziologen stellen heute tatsächlich vermehrt eine in diesem Ausmaß neue Bewegung des Zeitgeists fest: Wut

8 Frankl, V. E. (1975). *Das Buch als Therapeutikum.* Vortrag. Wiener Buchwoche. Wien, Hofburg 1975.

9 Kruglanski, A. W., et al. (2014). The Psychology of Radicalization and Deradicalization: How Significance Quest impacts Violent Extremism. *Political Psychology*, 35 (S1), 69–93.

und Ablehnung als Lebenshaltung. Forschungsarbeiten legen nahe, dass solche Bewegungen auf eine auf den ersten Blick unerwartete Weise ein psychologisch zunächst attraktiv erscheinendes Angebot machen: Sie bieten Überwindung der eigenen Gleichgültigkeit an. Aber sie bieten zugleich selten einen gleichwertigen Ersatz für die Hoffnungen und Ideale an, die viele davor an die Gleichgültigkeit verloren haben. Das Problem ist, dass dieses Angebot meistens gar kein Angebot *für* etwas ist; es ist in der Regel ein Angebot *gegen* etwas oder jemanden – und es scheint daher auch oft relativ beliebig, gegen wen oder was sich das jeweilige Programm richtet.

Die sozialpsychologische Forschung zeigt es immer wieder und seit Jahrzehnten: Existenziell entwurzelte und verunsicherte Menschen sind politisch verführbarer. Sie vermissen und suchen in der Ablehnung und Feindseligkeit jenen Gestaltungswillen und jene Motiviertheit, die man unter psychologisch intakteren und konstruktiveren Umständen dadurch bekommt, dass man sich von sich aus für etwas oder jemanden engagiert und positive Eigen- und Mitverantwortung übernimmt.[10]

Etwas Gutes ist uns zugedacht: Den Traum wiederfinden

Man kann diese Entwicklungen so hinnehmen und resignierend feststellen: Das ist nun einmal die Normalität des beginnenden 21. Jahrhunderts, so ist der Mensch. Oder – und das ist die Spur, die wir in diesem Buch verfolgen – man beschreibt diese Entwicklungen als Entgleisungen und *Störungen* eines dem Einzelnen eigentlich zugedachten idealeren, ausgeglicheneren, reiferen und

10 Dugas, M., & Kruglanski, A.W. (2014). The Quest for Significance Model of Radicalization. *Behavioral Sciences & the Law*, 32 (3), 423–439.

insgesamt mit sich und der Welt und ihren Aufgaben versöhnteren Zustands. Vielleicht erscheint diese Perspektive vor dem Hintergrund der bisherigen Bestandsaufnahme der um sich greifenden Gleichgültigkeit und der damit einhergehenden Erkaltung der Welt auf den ersten Blick als allzu optimistisch. Immerhin traut diese alternative Sicht der Welt zu, dass es diesen idealeren Zustand gibt, in dem der Mensch nicht entwurzelt und ratlos vor den unbeantworteten Fragen des Lebens steht, sondern seinen Ort gefunden hat und sich daran erfreut, seiner Bestimmung und Verantwortung in der Welt gerecht zu werden.

Ich werde aber in diesem Buch versuchen, anhand unterschiedlichster Argumente und wissenschaftlicher Forschungsergebnisse zu belegen, dass diese Alternative nicht nur optimistisch ist, sondern vor allem: realistisch. Ich will – mit anderen Worten – zeigen, dass sie unserem Wesen entspricht und darüber hinaus im Leben selbst angelegt ist.

Entscheidend ist für den Moment, dass wir diesen uns zugedachten Ort nie finden werden, wenn wir von vornherein nicht zumindest versuchsweise daran zu glauben und darauf zu hoffen bereit sind, dass es ihn gibt – und auch, dass es *unser* uns bestimmter Ort ist. Und dass es *praxisorientierte* und klinische und wissenschaftlich bewährte Perspektiven gibt, denen zufolge ein engagiertes, erfülltes und sinnvolles Personsein nicht bloß möglich ist, sondern unsere natürliche Daseinsweise. Eine Daseinsweise, die Unbestimmtheit als Freiheit erlebt und die Hoffnung auf das Bessere nicht nur als Wunsch an die Welt richtet, sondern auch als eigenen Auftrag und eigene Verantwortung erkennt, das viele Gute, das nie Wirklichkeit würde, wenn wir es nicht aussenden, anzugehen: Was nicht gewesen wäre ohne uns, das zeugt von uns.

Es geht hier also um nichts weniger als um eine Rehabilitation eben jenes Traums, der dem Menschen seit jeher vorausgeht und dessen Zu-Grabe-Tragen unter dem Schlagwort des »Werteverfalls« dem Menschen der Gegenwart so schwer zuzusetzen scheint.

Im weiteren Verlauf dieses Buches werde ich aber auch den

Nachweis zu erbringen versuchen, dass es diesen so oft genannten Werteverfall vermutlich gar nicht gibt. Das ist die gute Nachricht: Der Traum ist nicht eigentlich vergangen, wenngleich wir ihn gelegentlich aus den Augen verlieren. Es scheint vielmehr, als würden weniger die Werte verfallen als unsere Bereitschaft, vielleicht auch unser Glaube an unsere Fähigkeit, diese Werte im alltäglichen Leben zu verwirklichen, und die Einsicht, dass es sich lohnt, sie zu Leitlinien unseres Entscheidens und Handelns zu machen. Es ist auch möglich – und wird in der psychologischen und ideenhistorischen Forschung diskutiert –, dass unsere postmoderne Zeit eine wie auch immer begründete Skepsis gegenüber Werten und Idealismus gewonnen und im selben Maße das Vertrauen in die Tragfähigkeit dieser Werte verloren hat. Auch das werden wir uns ansehen.

So oder so: Das *Wissen* um und das positive Annehmen der Werte ist im Allgemeinen nicht so sehr das Problem. Die meisten von uns wissen oder ahnen im Innersten recht genau, was wert- und sinnvoll wäre und was nicht. Woran es aber bisweilen zu mangeln scheint, ist das Wissen, wie man konkret und realistisch wert- und sinnorientiert und engagiert leben kann; und auch das Wissen darum, dass sinnorientiertes, verantwortliches Handeln nicht nur die Welt bereichert, sondern auch uns selbst. Dass im Gegenzug nicht nur die Welt, sondern auch wir selbst geistig und seelisch verarmen, wenn wir den lebensnahen Kontakt zum Sinn verlieren und uns das Bewusstsein unserer Verantwortung, Sinnmöglichkeiten zu verwirklichen, verloren geht.

Dazu kommt: In dem Augenblick, wo nicht mehr Sinn und Werte unser Erleben und Verhalten prägen, bestimmt notgedrungen etwas anderes, das als Ersatz herhalten muss, unser Entscheiden und Handeln. Das kann das bloße und reine Eigeninteresse und die Abhängigkeit von guten Gefühlen sein – von eben jenen guten Gefühlen, die sich normalerweise als Effekt und Nachklang des Sinn- und Wertvollen einstellen. Allerdings habe ich es schon angedeutet: Auf Dauer macht uns ein durch reines Eigeninteresse und die Jagd nach guten Gefühlen geleitetes Handeln nicht nur einsam, es schneidet uns von der Fülle der Wirklichkeit und ihrer Möglichkeiten ab. Genau genommen schneidet es uns vom Leben selbst ab, denn Leben ist grundlegend und grundsätzlich bestimmt durch Teilen, Teilhaben, Involviertsein, Zuwendung und Ansprechbarkeit.

Von Anfang bis Ende als Mensch gewollt

Der Mensch: Von Anfang an gewollt

Wie kein anderes Wesen ist der Mensch vom ersten Augenblick an auf die Zuneigung und das Wohlwollen anderer angewiesen. Kein Wesen tritt so wehrlos in die Welt wie der Mensch. Keiner von uns hätte je seine frühe Kindheit und Jugend überlebt, wenn uns nicht jemand gestillt, genährt, gewärmt, geschützt und aufgezogen hätte: Entweder die eigenen Eltern oder, wo dies nicht möglich war, jemand anderer, der sich unser sogar ohne den sonst handlungsanleitenden »Elterntrieb« angenommen hat. Am Anfang hat jemand Ja zu uns gesagt. Ohne dieses Ja hätten wir nicht einen Tag überlebt, ohne dieses Ja würden wir heute nicht sein.

Menschliches Dasein ist mit anderen Worten von Anbeginn an auf Zustimmung durch andere, auf Wohlwollen und auf Liebe angewiesen. Das gilt schon in den allerersten Lebensjahren, und dieses Indiz soll an dieser Stelle zunächst ausreichen, um darzulegen, dass das Ringen um ein tragfähiges Selbst- und Weltbild lebenspraktisch, sogar überlebensrelevant ist. Dieses Indiz veranschaulicht auch, wie sehr Sinn, Wert, Großzügigkeit und Güte von Anfang an in unser Leben und Überleben eingewoben, wie sehr sie die eigentliche Grundsubstanz und Tragfläche unseres Daseins sind. Und es veranschaulicht, weshalb die Suche nach der Hoffnung lohnt und dringlich ist: denn es geht hier um nicht weniger als um unsere andernfalls gefährdete Lebensgrundlage.

Das erste Kapitel menschlichen Daseins ist ein Kapitel der

Liebe – das ist uns, ob bewusst oder nicht bewusst, als erste und zentrale Botschaft über das menschliche Leben mitgegeben. Selbst, wenn wir nicht mehr wissen, wer das war und warum: Irgendjemand muss ausreichend begeistert gewesen sein über unseren Eintritt in die Welt, muss Hoffnung in uns gesetzt haben oder in uns die Hoffnung erkannt haben, die jedes neue Leben mit sich bringt. Ohne dieses Siegel würden wir nicht existieren; dieses Siegel ist allerdings zugleich auch schon von Anbeginn an die Antithese zu jeglicher Gleichgültigkeit und dem oft mit der Gleichgültigkeit einhergehenden Egoismus, der nur die Eigeninteressen des Einzelnen im Blick hat und ertaubt ist für die viel zentralere Frage, wozu wir gut sind.

Neben den negativen persönlichen und gesellschaftlichen Folgen der Gleichgültigkeit und der Tatsache, dass Hoffnung ein spezifisch menschliches Phänomen ist, birgt also unser Gewordensein eine weitere gewichtige empirische Aussage über die Natur des Menschen. Und sie stellt der Gleichgültigkeit der Gegenwart eine grundlegende Frage: Wenn dieses Siegel uns als einzige erfolgsbewährte Gebrauchsanleitung des Lebens in die Wiege gelegt wurde, warum sollten wir es dann auf unserem weiteren Lebensweg abwerfen oder abzustreifen versuchen? Warum *dem* Erfolgsrezept des Daseins überhaupt – unseres Daseins – misstrauen, warum es abwerten und gegen egozentrische und hedonistische Rezepte eintauschen, die – das zeigte ja der Blick auf die sich ausbreitenden seelisch-geistigen Nöte der Wohlstandsgesellschaft – uns ohnehin scheinbar alles geben außer dem, wonach der Mensch im Eigentlichen strebt: das Wissen, dass es gut ist, dass wir und andere überhaupt da sind, und das mit diesem Wissen einhergehende Wohlwollen, das sich gerade aus der Großzügigkeit nährt, die uns engagiert am Leben teilnehmen lässt. Wenn wir wohlwollend sind, geht uns das Leben eben doch sehr viel mehr an als nur in Bezug auf unser eigenes Streben nach persönlichem Glück.

Schließlich verdankt sich unser eigenes Dasein ebenfalls einem solchen Wohlwollen – also der Tatsache, dass zwar nicht wir selbst, aber andere dieses Wissen um die Güte unseres Daseins zum Anlass nahmen, uns das zu schenken, was wir zum Überleben und Wachsen brauchten – ohne zu wissen, ob sie dafür jemals Dank oder andere Gegenleistungen bekommen würden.

Es ist bedauerlicherweise sehr leicht, solche einfachen Einsichten zu übersehen, sie zu vergessen oder gegen andere, auf den ersten Blick verlockend einfach und überzeugend klingende Formeln wie: »Erst kommt das Fressen, dann kommt die Moral« einzutauschen. Das Problem ist nur: Damit übersehen und vergessen wir auch einige grundlegende Wahrheiten über uns und unser Leben – nicht nur über das, was wir aus der Liebe und dem Idealismus anderer heraus geworden sind, sondern auch über das, was wir selbst aus Liebe und unserem eigenen Idealismus heraus sein und werden und tun könnten. Wir laufen mit anderen Worten Gefahr, hinter dem Versprechen zurückzubleiben, welches jedem Menschen *a priori* innewohnt. Dieses Versprechen sagt im Grunde: Die Natur und dann einige liebende Menschen haben unfassbar viel dafür aufgewendet, dass wir geworden sind. Sie haben uns vieles geschenkt – Liebe, Aufmerksamkeit, Zuwendung und Wärme. Manchen ist dieser Schenkungsakt besser gelungen als anderen, aber an dieser Stelle soll vor allem zählen, *dass* sie sich darum bemüht haben und es ihnen letztlich doch gelungen ist; dass sie damit wahr gemacht haben, was menschliches Leben so grundlegend auszeichnet: Es braucht den anderen und es bringt sein Bestes zur Geltung, wenn es sich zum Teilen und zum Füreinander bereit erklärt. Ansonsten ist der Mensch nicht einmal überlebensfähig.

Das Wort von der Angewiesenheit menschlichen Lebens auf das Zusammenwirken mit anderen ist somit nicht annähernd so verklärend oder idealisierend gemeint, wie es uns manchmal erscheinen mag. Es ließe sich diese Angewiesenheit sogar auch viel pragmatischer biologisch herleiten: etwa, wenn wir uns vor Augen führen, dass der Mensch von seiner ganzen Biologie, und insbesondere seiner Neurobiologie, her darauf ausgerichtet und hingeordnet zu sein scheint, nach außen zum anderen zu blicken und zu wirken. Wir haben ein »soziales Gehirn« – ganze Areale und komplexe Regelkreisläufe unseres Zentralnervensystems sind der Gabe gewidmet, uns in andere Menschen und Lebewesen hineinzuversetzen und im Bewusstsein dessen, wie unser Verhalten und unsere Worte auf andere wirken, unser Handeln zu gestalten. Mit anderen Worten: Zuwendung und Weltoffenheit ist auf mehreren Beschreibungsebenen Teil unserer Natur. Schon deshalb liegt es nahe, dass es uns und der Welt nicht guttun kann, wenn wir dieses zentrale Merkmal unserer Natur leugnen.

Dabei reichte schon ein ergänzender kurzer Blick auf die Geschichte der Menschheit aus, um uns vor Augen zu führen: Wo immer der Mensch seiner Zugewandtheit und Weltoffenheit nicht untreu wurde, hat er im Kleinen wie im Großen Zeugnis abgelegt von dem Auftrag und der Verwirklichbarkeit des Guten, das in der Welt, in ihm und seinem Nächsten darauf wartet, durch sein Entscheiden und Tun Wirklichkeit zu werden. Er hat den Traum nicht verloren oder verraten. Und wann immer er sich davon abgewandt hat, hat er Furchtbares in die Welt gesetzt.

Diese drei Befunde sagen uns: Zuwendung, Wohlwollen, Wert und Sinn sind die tragenden Säulen unserer persönlichen Biografie, der Entwicklung und Ordnung des Lebens im Allgemeinen und der politischen und sozialen Menschheitsgeschichte. Auch das zeigt uns, was auf dem Spiel steht: Unsere individuelle und kollektive Lebensgrundlage und Zukunft ist in Gefahr, wenn Gleichgültigkeit einzieht, wo Ansprechbarkeit stehen sollte.

Vor diesem Hintergrund scheint es allerdings auch, als ob die Klage um die angeblich verlorenen Werte etwas recht Offensichtliches übersieht: Unsere Gesellschaft beklagt einen Verlust von etwas, das sie eigentlich nicht verloren hat, weil es als Lebensgrundlage gar nicht verloren gehen kann. Sie hat es nur aus den Augen verloren; oder vielleicht auch nur den Glauben daran. Was wird hier gespielt?

Werteverlust oder Wertekrise?

Betrachten wir den vermeintlichen Sinn- und Werteverlust etwas genauer. Er bildet sich auf dreierlei Weisen ab: Erstens zeigt er sich in unserem Selbstbild und damit in dem, was wir von uns selbst glauben und erwarten; zweitens in unserem Menschenbild, also in dem, was wir über andere Menschen, ihre Beziehung zu uns und über die Motive ihres Handelns annehmen und glauben – und das heißt nicht selten: ihnen unterstellen. Und drittens in unserem Weltbild, also in dem, wie wir die Welt und uns als Teile und Mitspieler dieser Welt betrachten, und wiederum, was wir von der Welt erwarten zu können glauben – vielleicht ohne immer ganz klar zu sehen, dass nicht nur wir etwas von der Welt beanspruchen können, sondern vieles in der Welt seinerseits auch auf unseren je eigenen, persönlichen Beitrag und Einsatz wartet.

Wenn die Anbindung und der Glaube an oder das Vertrauen in das Wertvolle fehlt oder geschmälert ist, erleben wir individuell oder auch als Gemeinschaft das, was man gemeinhin als Wertekrise bezeichnet. Sie äußert sich am sichtbarsten im oben beschriebenen resignativen Lebensgefühl, das aufgegeben hat, uns, anderen Menschen und der Welt etwas Gutes zuzugestehen.

Diese vermeintliche Wertekrise bildet sich aber oft auch in einem allgemeinen und rational nicht immer überzeugend begründeten generellen Misstrauen dem Reden von Sinn und Werten, vom Guten, vom Schönen und vom Wahren gegenüber ab – als wäre das weniger Gelungene, das Sinn- und Wertlose, Schlechte, Hässliche und Unwahre in irgendeiner Weise wirklicher als die Hoffnung und das Vertrauen auf das Gute und Gelingende. Eine solche Skepsis ist zwar ausgesprochen postmodern und nimmt gern für sich in Anspruch, aufgeklärt zu sein. Aber sie ist zugleich scheinbar nicht aufgeklärt genug (oder bereits zu abgeklärt), um anzuerkennen, dass Hoffnung und die oft nur mit den Augen der Hoffnung wahrgenommenen Werte und Sinnmöglichkeiten auf gleich drei Ebenen in die Ordnung des Lebens geschrieben sind.

Zudem zeigt die psychologische Forschung einhellig: Auch – oder gerade – dann, wenn der Hoffnung auf das Gute seit einiger Zeit mit dem größten Misstrauen begegnet wird, bleibt sie, ebenso wie die bange Frage, ob unser Leben überhaupt einen Sinn hat, ein zutiefst menschliches Anliegen[11]: Glücklicherweise ist sie dem Menschen nicht so leicht abzugewöhnen. Wer das andererseits nicht versteht, verkennt den Menschen nicht nur; er stürzt ihn auch noch tiefer in Zweifel: denn nun zweifelt er nicht nur an der Hoffnung und am Sinn seines Daseins, sondern auch noch an seiner psychologischen Intaktheit, weil er ja nach wie vor die Hoffnung in sich trägt. Viktor Frankl sprach in diesem Zusammenhang vom Pathologismus der Moderne bzw. der Postmoderne – also der Missdeutung menschlicher Anliegen dadurch, dass sie nicht eigentlich als Zeichen menschlicher Reife, sondern vielmehr als Entgleisungen der Seele missdeutet werden:

> Am bedenklichsten ist der Pathologismus, wo nicht nur das Menschliche mit dem Krankhaften verwechselt wird, sondern auch das Allermenschlichste, das es überhaupt geben mag: nämlich die Sorge um möglichste Sinnerfüllung menschlichen Daseins, wo dieses Allermenschlichste für etwas nur Allzumenschliches gehalten wird, für eine Schwäche, für einen Komplex. So wenig ist der Sinnanspruch des Menschen an sein Dasein, so wenig ist dieser Wille zum Sinn ein Krankheitszeichen, dass wir ihn sogar [...] als ein Heilmittel mobilisieren.[12]

11 Kap. 1 und 2 in Batthyány, A., Guttmann, D. (2006). *Empirical Research in Logotherapy and Meaning-Oriented Psychotherapy.* Phoenix, AZ: Zeig, Tucker & Theisen.

12 Frankl, V. E. (1993). *Theorie und Therapie der Neurosen. Einführung in die Logotherapie und Existenzanalyse.* München: Reinhard bei UTB, S. 146.

Für den Einzelnen, der insbesondere durch die Sinnfrage bewegt ist, ist die Folge eines solchen pathologistischen Generalverdachts doppelt fatal. Einerseits ist seine Hoffnung auf Sinn enttäuscht – das wiegt schwer genug; und nun wird ihm auch noch zertifiziert, dass seine Suche kein Ausdruck existenzieller Anliegen, sondern eigentlich nichts anderes ist als eine psychologische Deformation. So lautet etwa die Gegenstimme Sigmund Freuds:

> Im Moment, da man nach dem Sinn und Wert des Lebens fragt, ist man krank, denn beides gibt es ja in objektiver Weise nicht; man hat nur eingestanden, dass man einen Vorrat an unbefriedigter Libido hat, und irgendetwas anderes muss damit vorgefallen sein, eine Art Gärung, die zur Trauer und Depression führt.[13]

Unter diesem Vorzeichen wird die menschlichste aller Fragen, die Frage nach dem Sinn, bald zum Zeichen eines psychischen Defizits erklärt – mit der Folge, dass einem vermittelt wird: Nicht nur die Welt stimmt nicht, auch mit uns stimmt etwas nicht. Man sehe sich etwa die Beschreibung von Kurt Eisslers Versuch an, auf Grundlage dieses »Sinnmodells« einer sterbenden Patientin beratend beizustehen:

> Die Patientin verglich die Sinnfülle ihres früheren Lebens mit der Sinnlosigkeit der gegenwärtigen Phase; aber selbst jetzt, wo sie nicht mehr in ihrem Beruf arbeiten konnte und sich für viele Stunden am Tag hinlegen musste, sei ihr Leben trotzdem sinnvoll, meinte sie, und zwar insofern, als ihr Dasein für ihre Kinder wichtig war und sie selbst so eine Aufgabe zu erfüllen

13 Freud, S. (1937). Brief an Prinzessin Marie Bonaparte, 13.8.1937. In: Freud, S. (1960). *Briefe 1873–1939*. Hrsg. von E. u. L. Freud. Frankfurt: S. Fischer, S. 429.

> hatte. Wenn sie aber einmal ins Spital eingeliefert würde, ohne Aussicht, jemals nach Hause zurückkehren zu können, und nicht mehr fähig, das Bett zu verlassen, würde aus ihr ein Klumpen nutzlosen faulenden Fleisches werden und ihr Leben jeden Sinn verlieren. Zwar war sie bereit, alle Schmerzen so lange zu ertragen, als dies noch irgendwie sinnvoll wäre; aber wozu wollte ich sie dazu verurteilen, ihre Leiden zu einer Zeit zu erdulden, zu der das Leben längst keinen Sinn mehr hätte? Daraufhin erwiderte ich, dass sie meines Erachtens einen groben Fehler begehe; denn ihr ganzes Leben sei sinnlos und von jeher sinnlos gewesen, noch bevor sie jemals erkrankt wäre. Einen Sinn des Lebens zu finden, sagte ich, hätten die Philosophen noch immer vergeblich versucht, und so bestehe denn auch der Unterschied zwischen ihrem früheren und ihrem gegenwärtigen Leben einzig und allein darin, dass sie in dessen früherer Phase an einen Sinn des Lebens noch zu glauben vermochte, während sie in der gegenwärtigen Phase eben nicht mehr imstande war, es zu tun. In Wirklichkeit, schärfte ich ihr ein, seien beide Phasen ihres Lebens ganz und gar sinnlos gewesen. Auf diese Eröffnung hin reagierte die Patientin, indem sie ratlos war, mich nicht recht zu verstehen vorgab und in Tränen ausbrach.[14]

Es braucht nicht viel Fantasie, um sich auszumalen, dass und warum eine solche radikale Absage an die existenziellen Anliegen des Menschen diesen noch viel tiefer in die Verzweiflung stürzt. Man braucht aber auch nicht viel Fantasie, um den Verdacht zu äußern, ob diese radikale Absage an die Hoffnung selbst nicht wiederum einem Abwehrmechanismus geschuldet ist. Es fällt jeden-

14 Eissler, K. (1955). *The Psychiatrist and the Dying Patient.* New York: International Universities Press, S. 190f. (in der Übersetzung von Edith Weißkopf-Joelson).

falls auf, dass ein solch radikaler Nihilismus ein zeit- und ideengeschichtlich vergleichsweise junges Phänomen ist und Psychologen wohl nicht zufällig eine mit der Popularisierung solcher Ideenbewegungen zeitlich zusammenhängende Ausbreitung des existenziellen Vakuums beobachteten.[15] Aber wie das Sprichwort sagt, stirbt von allen menschlichen Regungen die Hoffnung zuletzt. Eine ergebnisoffenere Alternative zur Pathologisierung zutiefst menschlicher existenzieller Strebungen, Hoffnungen und Fragen besteht daher etwa darin, nicht die Frage nach und die Hoffnung auf ein sinnerfülltes Dasein als psychologisch abseitig zu betrachten, sondern lediglich festzustellen, dass die eine oder andere »Lösungsstrategie« bisweilen nicht sonderlich zielführend ist und war.

Hier muss man zudem wieder auf das oben erwähnte einfache Indiz verweisen, das dafür spricht, dass eine solche nihilistische Lebens- und Daseinshaltung dem Versprechen und der Hoffnung menschlichen Daseins schlechterdings nicht gerecht wird. Gerade unter dem Blickwinkel der Frage, was wirklicher ist und was unser Misstrauen verdiente, bewährt sie sich nicht: Es bleibt ja die schon kurz erwähnte Tatsache bestehen, dass der Mensch das einzige Lebewesen ist, das bereits mit seinem Eintreten in die Welt die Hoffnung äußert, das, was in der Welt im Argen liegt, sei in irgendeiner Weise korrigierbar oder änderbar. Dass der Mensch das einzige Lebewesen ist, das Utopien entwickelt, Bilder und Modelle dessen, wie diese Welt besser, gerechter und idealer sein könnte. Nur der Mensch betrachtet ein Defizit nicht nur als beklagenswerten Ist-Zustand, sondern erblickt darin auch ein Soll, in dem er bereits die Aufforderung erkennt, selbst etwas dagegen zu unternehmen, also Leiden zu lindern, Krankheiten zu heilen. Dabei ist es ihm möglich, nicht nur Defizite auszugleichen, sondern die Welt selbst zu bereichern: durch Entwicklung, durch

15 Frankl, V. E. (1981). *Die Sinnfrage in der Psychotherapie. Vorwort von Franz Kreuzer*. München: Serie Piper 214, S. 34 f.

Entdeckung, durch Kultur und durch das Schaffen der Voraussetzungen einer gerechten Gesellschaft – oder zumindest im Bemühen darum, auch wenn dieses Bemühen vielleicht immer nur Stückwerk bleiben wird.

Das ganze Wesen der kulturellen Evolution verdankt sich dieser gestalterischen Zuwendung einerseits und der Unvollkommenheit der Welt andererseits.

Kurz: Die stärkste Gegenstimme gegen den dogmatischen Nihilismus und die Gleichgültigkeit ist – neben unserem Gewordensein und der Art, wie wir der Welt hoffend gegenübertreten – auch die Welt selbst, gerade in ihrer Unvollkommenheit. Denn diese Unvollkommenheit sagt uns: Die Welt ist auf unsere Hoffnung angewiesen, und nur der Mensch ist es, der diese Hoffnung überhaupt in die Welt trägt. Wenn er sie aufgibt, verschwindet sie folglich sang- und klanglos von der Erdoberfläche – mit absehbaren Folgen allerdings nicht nur für die Welt, sondern auch für den einzelnen Menschen selbst. Das bedeutet aber: Die Hoffnung und Sinnstrebigkeit des Menschen ist nicht ein psychologischer Mangel, sie liegt in seiner Natur und in der Natur der Welt. Der psychologische Mangel offenbart sich vielmehr in der Abkehr von Hoffnung und Sinn – denn es ist die Abkehr von einem Kernmerkmal menschlichen Selbst- und Welterlebens. Und es ist die Abkehr von Trost, Kunst, Schönheit, Wärme, Liebe, wissenschaftlicher Entdeckungsfreude, Begeisterung und dem Abenteuer eines sinnvollen und engagierten Lebens.

Reichtum durch Geben: Unsere Freundschaft mit dem Leben

Wir werden uns weiter unten noch genauer ansehen, wie sich menschliches Erleben und Handeln verändert, wenn es von Antrieben diesseits der Werte und Sinnorientierung bestimmt wird, wenn es also nach der Absage an und in Ermangelung anderer

Werte nur noch an sich denkt. So viel aber vorab: Die Folgen einer solchen Verengung auf sich selbst kann man sich leicht ausmalen – und sie heißen jedenfalls nicht Lebensglück, Entfaltung und Erfüllung. Denn mit dem Einengen auf uns selbst (»auf mein Glück«) bleibt notgedrungen auch der innere positive Widerhall aus, den unser Engagement und die Verwirklichung von Sinnmöglichkeiten – und nur diese – nach sich ziehen. Dieser innere positive Widerhall zeigt etwas Grundlegendes über uns an: nämlich, dass wir zu etwas gut sind, wenn wir ansprechbar sind für die Bedürftigkeit der Welt nach unserem je eigenen, persönlichen Beitrag.

Das beginnt bereits im Kleinen. Man muss sich diese Bedürftigkeit der Welt und unseren Beitrag nicht zu abstrakt und weitläufig vorstellen – gerade dann läuft man nämlich Gefahr, die vielen kleinen Sinnmöglichkeiten des Alltags zu übersehen. Wir müssen die Diskussion nicht in alltagsferne theoretische »Wertedebatten« verlegen, zu denen man zwar sehr viel sagen kann, das dann aber nicht notwendig auch alltagstauglich und -relevant ist. Es geht hier also nicht um das »große Projekt«, die ganze Welt zu verändern und zum Besseren zu wenden. Das ist den wenigsten möglich und daher auch den wenigsten abverlangt. Aber jeder von uns kann in *seiner* Welt, seiner unmittelbaren Umgebung und gegenüber seinen ihm immer auch irgendwie anvertrauten Mitmenschen offen bleiben für das, was auf seinen Beitrag wartet. Jeder kann jeden Tag dazu beitragen, dass seine Welt ein etwas besserer Ort wird. Das braucht meistens gar nicht viel: ein freundliches Wort, eine Danksagung, ein unerwartetes Geschenk, sogar ein einfaches Lächeln, das Wohlwollen ausdrückt und für den Adressaten dieses Lächelns vielleicht das einzige oder eines von viel zu wenigen positiven und anerkennenden Signalen ist, das er im Laufe dieses Tages empfangen wird. Oder es kann eine konkrete Aufgabe sein, die sich uns stellt, wenn ein Familienmitglied oder ein Freund oder Mitarbeiter unsere Hilfe oder Ermutigung braucht. Oder die Bereitschaft, sich von den

Nöten und der Ungerechtigkeit ansprechen zu lassen, die nur wenige Flugstunden, manchmal sogar nur wenige Straßenbahnstationen von unserem Zuhause weg das Leben vieler niederdrücken. Wir könnten so leicht dabei helfen, ihnen dieses Gewicht von den Schultern zu nehmen, und dabei zugleich unser Glück mit ihnen teilen, als wären wir Glieder derselben großen Familie. Es kann auch eine Fähigkeit oder ein Talent sein, das darauf wartet, ein noch ungeborenes Werk in die Wirklichkeit zu setzen; es kann eine wissenschaftliche Arbeit sein, eine Freundschaft, bildlich oder buchstäblich ein Feld, das zu bestellen ist – genau genommen: Es kann alles sein, das ohne unseren ganz eigenen Beitrag nicht geworden wäre und nun die Welt und das Leben bereichert.

Wir werden im weiteren Verlauf dieses Buches diese und zahlreiche weitere Wert- und Sinnmöglichkeiten noch näher betrachten. Wir können aber schon hier etwas Interessantes über diese Sinnmöglichkeiten feststellen: Was ihnen allen gemein ist, ist, dass sie nicht von allein in die Welt treten, sondern in der einen oder anderen Weise auf *unseren* Idealismus, *unsere* Aufmerksamkeit und *unser* aktives Zutun und zugleich auf unser Hoffen angewiesen sind.

Genau genommen entfalten sich hier bei genauerer Betrachtung zwei Hoffnungen: erstens die Hoffnung, dass sich die Welt bereichern lässt, zweitens die Hoffnung, dass wir es sind, die ihr mit unserem persönlichen Beitrag dazu verhelfen können, ein besserer Ort zu werden – entweder, weil wir uns helfend und korrigierend einbringen, wo etwas im Argen liegt; oder, weil wir etwas Schönes und Wertvolles schaffen, wo es ohne diesen Schaffensakt fehlte, die Welt also ein bisschen ärmer wäre, wenn wir sie nicht ein bisschen reicher machten. Ganz offensichtlich braucht die Welt den Menschen also ebenso dringend wie der Mensch die Welt; und das alleine wäre eigentlich schon die beste Grundlage, ein Bündnis und eine Freundschaft einzugehen, in der man sich gegenseitig großzügig beschenkt. Die Freundschaft entfaltet sich – anders formuliert – angesichts, wie Frankl dies nennt, der Unvollendetheit der Tatsachen:

> Insofern, als wir auf die Tatsachen des Lebens erst zu antworten haben, stehen wir stets vor unvollendeten Tatsachen.[16]

Alles Unvollendete – und damit regelrecht alles –, was der Mensch vorfindet, erweist sich demnach noch als verhandelbar, als Auftrag an den Menschen, den Blick vom Seienden auf das darin Sein-*Könnende* (Freiheit) zu wenden. Wir können darin einen Appell für das Sein-*Sollende* erkennen, also die jeweilige Sinnmöglichkeit, die in dieser Situation darauf wartet, durch unser Zutun Sinnwirklichkeit zu werden.

Es ist, mit anderen Worten, in alles Seiende nicht nur ein Können, sondern auch ein Sollen gelegt und wir sind fähig, dieses Sollen zu erkennen. Das ist ein durchweg personales Geschehen – in der Natur begegnet uns das Phänomen der auf freier Wahl und Verantwortung aufruhenden Beziehung zwischen Sein, Können und Sollen bislang nur beim Menschen. Mehr noch: Dieses Phänomen begegnet uns nicht als generische, »allgemeine« Beziehung, sondern als zutiefst individuelle und konkrete Anfrage an die jeweils in einer einmaligen Situation befindliche einzigartige Person. Hierzu wieder Frankl:

> Die Aufgabe wechselt nicht nur von Mensch zu Mensch – entsprechend der Einzigartigkeit der Person, sondern auch von Stunde zu Stunde, gemäß der Einmaligkeit der Situation.[17]

16 Frankl, V. E. (1997). *Der Mensch vor der Frage nach dem Sinn*. München: Piper, S. 234.

17 Frankl, V. E. (1996). *Logotherapie und Existenzanalyse*. Universitätsvorlesung am 16. Oktober 1996, Kliniken am Südgarten, Universitätsklinik für Psychiatrie, Wien. Mitschrift A. B.

Diesem Bild zufolge soll demnach gelten: Es ist jede Person einzigartig – sowohl von ihren Bedingungen her, ihren Fähigkeiten, ihren Schwächen, ihrer Lebensgeschichte, ihrer Wahrnehmungsgabe usw. Daher trägt das, was wir in das Leben einbringen können, stets auch unsere persönliche Handschrift: Es ist *unser* Beitrag; kein anderer kann ihn für uns in dieser einen konkreten Art und Weise einbringen. Oder anders: Das Bündnis mit dem Leben kennt, wie dies auch bei anderen Freundschaften der Fall ist, keine Stellvertreter. Auf der anderen Seite tritt auch das Leben stets neu und einmalig an uns heran: Ebenso wenig wie Personen wiederholen sich Situationen. Das Heute ist nie ganz das Gestern oder Morgen; es begegnet uns immer neu: Leben ist Gegenwart.

Daraus folgt logisch, dass bestimmte Sinnanfragen situativ und personal einmalig sind, dass also eine jede unvollendete Tatsache nicht nur auf eine und keine andere Weise unvollendet ist, sondern in Abhängigkeit davon, auf wen sie trifft, eine individuelle Anfrage ihrer Vollendung enthält. Um das konkret anschaulich zu machen: Ein kranker Mensch ist dem anwesenden Arzt etwa Anfrage und Auftrag, fachmännisch zu diagnostizieren und zu heilen. Dem Nichtmediziner hingegen ist er zugleich Auftrag, ihm zu helfen, ihm das Leben erträglich zu machen, ihn gegebenenfalls auch zu trösten. Ein und dieselbe unvollendete Tatsache trifft auf zwei verschiedene Menschen und stellt ganz andere Fragen; so individuell ist die Freundschaft mit dem Leben. Denn das Unvollendete der Tatsachen trifft auf Menschen, die diese Unvollendetheit auf jeweils eigene Weise wahrnehmen und das jeweils ihnen zugedachte Gesollte als Auftrag und Anfrage an sich erkennen. Dies zeigt uns: Es ist eben nichts gleich gültig, weil keine Situation gleich ist; und es ist keine Person ersetzbar. Jeder zählt, und jeder Beitrag zählt.

Aber wir sollten realistisch bleiben. Man kann nämlich vor einem Reichtum an sinnvollen Aufgaben stehen und doch nicht wissen, dass all dies unser Reichtum ist; oder man kann vor einem solchen Reichtum stehen und ihm und sich selbst misstrauen.

Man kann sich, mit anderen Worten, ärmer denken, als man wirklich ist. Und wirklich: Dass solche Sinnmöglichkeiten da sind, bedeutet nicht, dass sie auch gesehen werden; und dass sie gesehen werden, heißt nicht notwendig, dass sie auch ergriffen werden. Gerade hier entfaltet sich das Dilemma der Gleichgültigkeit; hier können bzw. müssen wir daher an seinen Wurzeln ansetzen.

Der eine oder andere in Resignation erstarrte Mensch etwa sieht diese Möglichkeiten vermutlich ebenso gut wie der, der sich von ihnen angesprochen weiß. Er sieht sie, folglich ist er bereits wertansichtig geworden – aber er geht an ihnen vorbei und das erst begründet eigentlich seine Daseinsleere und das Gefühl, das Leben zu versäumen. Wieder hat er sich aus dem Spiel genommen und in demselben Maße verarmt die Welt des Menschen und er mit ihr. Wiederum verarmt sie also nicht, weil keine Werte und konkreten Sinnmöglichkeiten da wären; sie verarmt, weil er ihnen in seiner Welt keine Heimat gibt – eben weil diese Sinnmöglichkeiten in ihrer Verwirklichung *auf ihn angewiesen* sind und er dennoch an ihnen vorüberging. Wenn es nur das wäre, wäre das schon beklagenswert genug. Aber es vollzieht sich, wenn eine solche Haltung sich chronifiziert, noch eine weitere, traurige Wandlung seiner Welt: Sie entfremdet sich ihm selbst als existenzielle Heimat.

Dieser Zusammenhang mag nicht gleich auf der Hand liegen, erschließt sich aber, wenn wir uns erneut in Erinnerung rufen, wie sehr sich der einzelne Mensch der Tatsache verdankt, dass andere sich seiner angenommen haben, als er noch ganz und gar darauf angewiesen war, dass er selbst von anderen als Sinnauftrag erkannt wurde. Tatsächlich wurde erst an diesem Tag, als andere seinem Überleben, Werden und Dasein zustimmten, diese Welt auch seine Welt, wurde sie seine Heimat.

Wenn nun aber derselbe Mensch sich aus eben jenem Spiel nimmt, dessen Regelwerk eines der Zustimmung, des Teilens, des Über-sich-Hinausgehens ist, dann streicht er zugleich auch jene Koordinaten aus seiner Weltkarte, die diese Welt zuvor zu seiner biologischen und existenziellen Heimat machten. So wird er bald selbst buchstäblich zum Heimatlosen und klagt dabei paradoxerweise nicht selten, dass er genau das, dem er eben eine Absage erteilte, vermisst: »Ich komme für dich nicht mehr infrage. Aber wo bist du eigentlich?«

Es mag eine der vielen Paradoxien des Daseins sein, dass sich in solchen Fällen erweist, dass wir seelisch und geistig meist nicht daran verarmen, dass wir etwas nicht oder insgesamt zu wenig bekommen. Seelisch und geistig verarmen wir vielmehr an dem, was auszusenden und frei zu geben wir verabsäumt und verweigert haben. Die seelisch-geistige Not der Wohlstandsgesellschaft spricht darüber Bände. Denn wenn es wahr ist, dass erst die freiwillige und zustimmende Teilnahme am Dasein über das Notwendigste hinaus uns ein Bewusstsein dafür zu geben vermag, wozu wir gut sind, dann heißt das im Umkehrschluss auch, dass der Mensch, der nur für das zu leben bereit ist, was für ihn selbst gut ist, das Wissen verliert, wozu er eigentlich da ist. Die Folge ist Vereinsamung, Verunsicherung, Labilität und Resignation – ein Zustand, den die wenigsten Menschen auf lange Zeit durchhalten wollen und daher um beinahe jeden Preis zu fliehen versuchen werden. Fluchtangebote gibt es viele und zur Genüge: Die Freizeitindustrie wächst interessanterweise geradezu parallel zum existenziellen Vakuum. Erich Fromm hat dazu in einer hellsichtigen Analyse des geistigen Zustands des modernen Menschen festgestellt:

> Wir sehen stundenlang fern, machen eine Ausfahrt, reisen, gehen auf Partys usw. Da gibt es keine Minute zwischen dem Aufstehen und dem Schlafengehen, in der wir nicht beschäftigt sind. Bewusst sind wir tatsächlich nicht gelangweilt; ich möchte aber fragen, wie schrecklich gelangweilt man sein muss, um die meist völlig leere Unterhaltung am Fernsehen, das bedeutungslose Geschwätz, die verlogenen und sentimentalen Filme als befriedigende »Entspannung«

> zu empfinden? Wir strengen uns sehr an, Zeit zu sparen, aber dann wissen wir nicht, was wir damit anfangen sollen, außer die gewonnene Zeit »totzuschlagen«. Langeweile hat mit der Abwesenheit von innerer Lebendigkeit, produktiver Aktivität, genuiner Bezogenheit zur Welt und echtem Interesse an allem, was uns umgibt, zu tun.[18]

Man hat daher bisweilen den Eindruck, dass dem Gleichgültigen, Abgeklärten oder Gelangweilten die dann doch manchmal wahrgenommene innere Leere nicht als eine Aufforderung erscheint, sein Leben existenzieller zu gestalten (bzw. überhaupt: es zu gestalten), sondern als ein Fehler, und eben hier liege die problematische Wendung. Anstatt also seine Kräfte anzuspannen und sich der Leere zu stellen oder wenigstens den Versuch dazu zu unternehmen, beklagt der Betroffene sich, erwartet Hilfe (etwa die scheinbar entlastende Diagnose, dass seine Leere nicht selbstverschuldet, sondern nur der Ausdruck eines behandlungsbedürftigen psychischen Problems sei) und tritt damit sogleich den weiteren Rückzug von der existenziellen Anfrage an, die seine Leere an ihn stellt.

Denn auch das fällt auf: Ein großer Teil der Selbsthilfe- und Psychoindustrie nährt sich von eben jener Verunsicherung, die aus der Absage an die Freundschaft mit der Welt erwächst, und fügt sich damit schnell selbst in den Katalog der Ablenkungsmanöver der Industrie- und Konsumgesellschaft ein. Es ist daher wiederum wohl kein Zufall, dass es eine starke zeitliche Überschneidung gibt zwischen dem um sich greifenden existenziellen Vakuum und dem mittlerweile schier unübersichtlichen Angebot an psychologischen Wellness- und Selbsthilfeangeboten für die oft diffusen Symptome des Leidens am vermeintlich sinnlosen Leben. Aber

18 Fromm, E. (1968). Der geistige Zustand Amerikas, in: *Erich-Fromm-Gesamtausgabe*, *Band XI*. Hrsg. von R. Funk. München: DVA, S. 398.

auch hier gilt, was eingangs mit Blick auf das Beispiel der egoistischen Lebenshaltung gesagt wurde: Wir verwechseln Symptom, Ursache und Grund, wenn wir uns bloß damit befassen, wie wir empfinden, statt der Frage nachzugehen, *warum* wir so empfinden: Jemand, der die Welt nicht mehr als existenzielle Heimat erlebt und innere Leere empfindet, mag darüber traurig oder verunsichert sein. Aber seine Missstimmung ist ja nicht eigentlich etwas, das er um jeden Preis überwinden sollte; sie ist vielmehr seine Chance auf Rettung. Denn sie sagt ihm, dass er sich gerade verrennt und dass es Zeit ist, wieder aktiv und offen ins Leben einzutreten, statt sich nur mit sich und seinem eigenen Befinden zu befassen.

Dagegen liegt in dem Rückzug und dem Versuch, die innere Leere nur irgendwie loszuwerden – außer dort, wo sie wirklich entsteht –, wie wir sehen werden, eine der Wurzeln des Problems. Die Leerstelle, die in unserem Leben entsteht, wenn wir eigentlich nicht mehr wissen, wofür wir gebraucht und wo wir gemeint sind, werden Alternativen ebenso wenig langfristig füllen können wie der Versuch, die verlorene Hoffnung bloß innerpsychisch zu überwinden.

Denn das, was wir dann verloren haben, kennt keinen einfachen Ersatz – so leicht lässt sich unsere Natur nicht vergessen, so schnell die Stimme unseres Herzens nicht täuschen. Die aufgegebene Hoffnung hört ja nicht auf Hoffnung zu sein, und das versäumte Gute bleibt ein gesolltes (aber nun versäumtes) Gutes – nicht es hat uns im Stich gelassen, wir waren diejenigen, die es im Stich gelassen haben. Vielleicht aus einem Mangel an Vertrauen; vielleicht aber auch aus Scheu vor der Eigen- und Mitverantwortung oder der »Mühe«, etwas einzubringen oder zu verwirklichen, das ohne unseren Einsatz nie geworden wäre – und nun auch tatsächlich nicht geworden ist. So oder so haben wir die wichtigste Freundschaft aufs Spiel gesetzt, die es gibt: die Freundschaft zwischen uns und der Welt.

Ablenkung und bloße Bedürfniserfüllung oder psychologische Versuche, das Verlustgefühl der verlorenen Freundschaft gegen anderweitig hergestellte Glücksgefühle auszutauschen, sind also keine Alternativen: Denn es sind und bleiben zwei ganz und gar unterschiedliche Dinge, ob wir uns gut fühlen oder ob wir zu etwas gut sind. Ersteres mag uns kurzfristiges Vergnügen und Wohlgefühl schenken; das ist erfreulich und will genossen werden. Aber tragfähig ist es nicht. Sowohl die wissenschaftliche Forschung als auch die Alltagserfahrung des Menschen sagen uns vielmehr: Die enttäuschte Beziehung zur Welt lässt sich nicht so leicht überwinden; und ihr Schmerz wird so lange bestehen bleiben, bis wir uns wieder mit ihr versöhnen – bis also wieder zusammenkommt, was von Anbeginn zusammengehörte.

Wenn man andererseits nach der Aufkündigung der Freundschaft mit der Welt allein und für sich weitermachen will und es einem nur noch oder primär um das eigene Befinden geht, geht die Rechnung schon deswegen nicht auf, weil man sich selbst im Prinzip um jeden Grund betrügt, das verlorene und ersehnte Glück zu erleben. Es tritt der Grund zum Glücklichsein dann nämlich so weit in den Hintergrund, dass er irgendwann ganz entschwindet – und mit ihm auch die Quelle des Glücklichseins. Was bleibt, kann man sprechstündlich beobachten: Es sind nicht selten Launen und Verlangen, die das Leben des resignierten Menschen fest in den Händen halten. Aber Launen sind nichts, worauf man sich verlassen kann. Es sind flüchtige und undankbare Gäste – manchmal angenehme, bisweilen unangenehme, aber jedenfalls hinterlassen sie nichts von Dauer und Wert. Wer also sein Leben aus Mangel an Sinn auf der Idee aufbaut, es ginge einzig und primär um sein Vergnügen, baut es auf Sand und macht sich abhängig von Empfindungen, die normalerweise ein Nachhall auf das sind, was *an sich gut* ist. Diese Rechnung geht nicht auf: Man kann zwar wunschlos erfüllt und glücklich sein, nicht aber grundlos.

Und so wird der Mensch, der die Leitlinien der Werte als Grundlage zur Freundschaft mit der Welt verlassen hat und Zuflucht im unmittelbaren Streben nach Wohlbefinden sucht, hin-

und hergeworfen zwischen Phasen kurzer Erfüllung und Zeiten langen Begehrens. Früher oder später setzen Langeweile, Gewöhnung und Übersättigung ein – und vielleicht beschleicht einen auch die Ahnung, dass das nicht alles sein kann, was das Leben uns zugedacht hat.

Bis wir Abschied nehmen

Viele Menschen beschleicht diese Ahnung vor allem dann, wenn nicht nur Gewöhnung und Übersättigung eintreten, sondern wenn sie an die Grenzen ihres Daseins vordringen. Vielleicht sehen sie, dass sie sich dem Zenit ihres Lebens nähern oder diesen schon überschritten haben, und spätestens hier wird ihnen schmerzlich bewusst, dass es nicht endlos so weitergehen wird, weil es eines Tages kein Morgen mehr gibt. Spätestens dann hat das, was Max Scheler einmal als »metaphysischen Leichtsinn«[19] beschrieben hat, ein Ende. Bei der dann oft gestellten Frage: »War das etwa alles?« schwingt häufig nicht nur die Enttäuschung über das Leben im Allgemeinen mit, sondern auch über einen selbst: »Ist das etwa alles, was ich hinterlassen werde? Eine endlose Suche nach meinem Glück, das sich obendrein ohnehin nicht recht einstellen wollte? Was bleibt von mir?«.

Spätestens mit der Tatsache unserer Endlichkeit steht folglich etwas unbedingt und unverhandelbar Existenzielles im Raum: Denn gerade mit der Wirklichkeit unserer Sterblichkeit wird die Gleichgültigkeit, Bequemlichkeit und der Rückzug auf sich selbst als Mittelpunkt des Daseins am radikalsten infrage gestellt.

Hier tut sich wiederum ein seltsames Paradox auf: Die psy-

19 Scheler, M. (1957). *Schriften aus dem Nachlaß, Bd. 1: Zur Ethik und Erkenntnislehre.* Hrsg. von M. Scheler. Bern und München: Francke-Verlag, S. 44.

chologische Forschung zeigt, dass ausgerechnet der gleichgültige und unverbindliche Mensch von einer viel stärkeren Todesangst geplagt wird als die meisten anderen.[20] Das ist schon deswegen seltsam, weil derselbe Mensch seinem Leben zugleich unterstellt, nicht sonderlich sinnvoll zu sein – mit manchen guten und manchen weniger guten Momenten, aber alles in allem doch ohne jede tiefere Bedeutung oder Relevanz. Warum dann aber genau an so einem als vergleichsweise sinnlos erlebten Dasein mehr festhalten und sein Ende stärker fürchten als an einem Leben hängen, von dem man alles in allem überzeugt ist, dass es bedeutungs- und sinnvoll, dass es also reich an Erleben und Geben ist und daher immer noch mehr zu erleben und zu teilen da wäre, als einem Zeit gegeben ist?

Vielleicht spielt hier eine nie ganz verlorene Hoffnung mit herein: die Hoffnung nämlich, irgendwann doch noch eben jenes verloren geglaubten Lebenssinns gewahr zu werden, die einen so sehr an eben jenes Leben bindet. Das erhoffte Versprechen wurde noch nicht eingelöst, aber vielleicht würde dies mit etwas mehr Zeit doch noch einmal gelingen. Die Sterblichkeit gefährdet diese Hoffnung: Vielleicht kommt das »irgendwann einmal« nie. Sie macht uns zugleich bewusst: Die Freundschaft mit der Welt kann man nicht auf ewig aufs Eis legen; denn man hat die Ewigkeit nicht zur Verfügung.

So oder so kommen wir in unserer Betrachtung des Engagements für das und im Leben nicht umhin, der Tatsache unserer begrenzten Lebenszeit Rechnung zu tragen: allein schon, weil die Sterblichkeit neben der uns in der Kindheit zuteilgewordenen Zuwendung eines der wenigen unbedingten Merkmale unseres Daseins ist. Einem Lebensmodell, welches das Leben beschreibt,

20 Neimeyer, R. A., & Chapman, K. M. (1981). Self/ideal Discrepancy and Fear of Death: The Test of an Existential Hypothesis. *OMEGA-Journal of Death and Dying*, 11 (3), 233–240.

als hätten wir unendlich viel Zeit zur Verfügung, kann man jedenfalls nicht bescheinigen, ein realistisches Lebensmodell zu sein; es wäre höchst fragwürdig.

Vielleicht haben die frühen Existenzphilosophen und -psychologen auch deswegen so großen Wert darauf gelegt, der Endlichkeit mindestens ebenso viel Bedeutung beizumessen wie dem Leben selbst. Mehr noch gingen sie davon aus, dass wir das Leben überhaupt erst dann richtig zu verstehen und zu führen beginnen können, wenn wir von Anbeginn auch unsere Endlichkeit bedenken.[21] Denn mit der Endlichkeit bekommt die gegebene Lebenszeit eine unbedingte positive Ernsthaftigkeit, Bedeutung und Verbindlichkeit, die man andernfalls an bestimmte Bedingungen knüpfen, also erst mühsam herleiten müsste. Und selbst dann wäre man sich nicht sicher, ob man überhaupt die richtigen Bedingungen benannt hat bzw. ob es überhaupt solche Bedingungen gibt. Wenn wir uns aber als vorübergehende Teilnehmer in der Welt vorfinden, bekommt die oben angesprochene Beziehung zur Welt eine neue Tiefe und Verbindlichkeit.

Genau genommen fangen vor diesem Hintergrund erst die eigentlichen Fragen des Lebens an. Zum Beispiel dann, wenn einem die Vergänglichkeit nicht nur des Lebens insgesamt, sondern auch einzelner Lebensabschnitte bewusst wird und man nun Dinge denkt, die man noch nicht gedacht hat: Was hätten wir heute machen, tun und entscheiden sollen, wenn wir es aus der Perspektive desjenigen betrachten, der einmal auf sein eigenes Leben zurückblicken wird? Was sollten wir jetzt dafür tun, was sollte besser geworden sein oder besser nicht geworden sein durch unser Entscheiden und Handeln? All das sagt ja auch: Wir könnten jetzt auch anders. Die Vergänglichkeit und Unwiederbringlichkeit unserer Tage gibt unserem Anders-Können ein Gewicht und eine

21 Kleiner, M. S. (2000). *Im Bann von Endlichkeit und Einsamkeit? Der Tod in der Existenzphilosophie und der Moderne.* Essen: Die blaue Eule.

Bedeutung, die uns im flüchtigen und hektischen Alltag leicht entgleitet: Unser Handeln wirkt sich nicht nur auf unsere aktuelle Lebenssituation und Umgebung aus; es verdichtet sich auch zu unserer Lebensgeschichte – zu den ureigenen Spuren, die wir als Individuen in dieser Welt hinterlassen. Das heutige Gestalten dieser Spuren ist unsere Freiheit. Denn es ist ja gerade dieses Wissen um die Vergänglichkeit, das einen dazu drängt, sein Leben in irgendeiner Weise zu bestimmen – und nicht nur in irgendeiner Weise, sondern im Idealfall so, dass man einmal ehrlich zu und von sich sagen kann: Es ist gut, dass ich da gewesen bin.[22]

Mit diesem Grundwissen erkennen wir auch, dass unsere Lebenszeit nicht einfach aufgebraucht und verzehrt wird, sondern bildlich gesprochen aus der Substanz des Lebens ein gutes Wirken werden kann – aus dem Wachs der Kerze (unsere Lebenszeit) wird Leuchten (unser Wirken).[23] Vielleicht erkennen wir auch: Das Leben bietet viele Sinnmöglichkeiten, stellt viele Anfragen. Diese Sinnmöglichkeiten wollen ergriffen und die Anfragen beantwortet werden, sonst bleiben sie immer bloß Möglichkeiten, die wir schlimmstenfalls ungenutzt mit ins Grab nehmen – Wachs, das nie zum Leuchten wurde.

Uns wird dann etwa bewusst: Den Luxus des ewigen Verschiebens und Herumprobierens, bis wir anfangen, engagiert und verantwortungsvoll zu leben, haben wir angesichts unserer Endlichkeit jedenfalls nicht. Es gibt keine Generalprobe des Lebens; es ist immer das Leben selbst, in das wir hineingestellt sind. Damit schwindet ein Stück Freiheit und Unverbindlichkeit, aber die verbleibende Freiheit und Verbindlichkeit hat ungleich viel mehr Gewicht. Wir haben nicht den Luxus, unser Leben zu vertun, als

22 Tomer, A., Eliason, G. T., & Wong, P. T. P. (Eds.). (2008). *Existential and Spiritual Issues in Death Attitudes.* New York: Lawrence Erlbaum Associates.

23 Lukas, E. (1994). *Alles fügt sich und erfüllt sich. Sinnfindung im Alter.* Stuttgart: Quell, S. 84 f.

ende es niemals. So gesehen gewinnen wir gerade durch unsere Endlichkeit wiederum mehr Freiheit, weil damit auch jedem anderen Menschen bewusst sein sollte, dass wir unter diesen Umständen davon entschuldigt sind, unsere Lebenszeit für Projekte oder Ansinnen herzuschenken, die wir nicht als existenziell und unserem Wesen und unseren Aufgaben entsprechend anerkannt haben, für die wir also nicht eigentlich bestimmt und daher auch nicht wesentlich verantwortlich sind.

So besehen gibt uns das Wissen um unsere begrenzte Lebenszeit das Recht auf – genau genommen sogar die Pflicht zur – Autonomie und Autarkie. Es befreit uns von vermeintlichen Zwängen und gibt uns im selben Maße Verantwortung für das, was wir mit dieser Freiheit und unserer Zeit anfangen:

> Ein großer Teil des Lebens entgleitet den Menschen, wenn sie Schlechtes tun; der größte Teil entgeht ihnen, wenn sie nichts tun, und das ganze Leben entgleitet ihnen, wenn sie Nebensächliches tun. [...] Halte alle Stunden fest; so wird es geschehen, dass du weniger vom morgigen Tag abhängig bist, wenn du den heutigen Tag in die Hand nimmst. Während das Leben aufgeschoben wird, eilt es vorbei. Alles gehört den anderen, nur die Zeit ist unser.[24]

Wer andererseits die Wahrheit seiner Vergänglichkeit beiseiteschiebt, verdrängt damit das zweite gesicherte Moment seines Daseins: Das erste war die empfangene Zuwendung und Liebe am Beginn unseres Lebenswegs; das zweite ist seine zeitliche Begrenztheit und die gerade daraus erwachsende Verantwortung, mit unserer Zeit und unseren Möglichkeiten verantwortungsvoll umzugehen. Wer will ich sein? Was soll einmal wahr über mich sein? Was werde ich ausgesendet, was getan, was hinterlassen haben?

24 Seneca, L. A. *Briefe an Lucilius*. Dietzingen: Reclam, S. 5 f.

Diese Fragen sind beantwortbar. Aber: Sie sind nur dann beantwortbar, wenn wir uns auf die von ihnen an uns herangetragene Eigen- und Mitverantwortung einlassen. Andernfalls bleibt das scheinbar sinnarme und unverbindliche Leben angesichts der Tatsache seiner Vergänglichkeit eine Wunde, die sich kaum schließen will – ein Spielverderber auf der Suche nach schnellen und einfachen Vergnügungen, die uns das Leben zudem ohnehin nicht so oft und zahlreich gewährt, wie wir uns dies wünschen. Vielleicht ist auch das ein weiterer Hinweis auf die ja auf den ersten Blick paradox anmutende Tatsache, dass Menschen, die ihr Leben als relativ sinnloser einschätzen, von einer intensiveren Todesangst geplagt werden als solche, die sich von den zahlreichen Sinnbezügen ihres Alltags ansprechen lassen.

Von Sterbenden für das Leben lernen

Dazu ein ergänzender Befund und eine persönliche Begegnung: Ich besuche im Rahmen einer Gastprofessur in Moskau in regelmäßigen Abständen das dortige große Hospiz 1 – das erste seiner Art in Russland. Die meisten der älteren Bewohner dieses Hospizes haben angesichts der wechselhaften russischen Geschichte des letzten Jahrhunderts – Weltkrieg, Hunger und Not, Jahre des Aufbaus, der Arbeit, aber auch der politischen Unterdrückung, Überwachung und Unstetheit – zahlreiche Entbehrungen in ihrem langen Leben durchstehen müssen. Aber in den Einzelgesprächen mit diesen Menschen, die sich nun auf ihren Tod vorbereiten, stellt sich regelmäßig heraus: Die wenigsten bewerten ihr Leben in der Rückschau unter dem Blickwinkel der Frage, wie viel sie persönlich entbehren oder leiden mussten. Sie bewerten ihr Leben vielmehr mit Blick darauf, was sie getan oder unterlassen, was sie ausgesendet haben. Gewicht hat, mit anderen Worten, am Lebensende das, wofür sie Verantwortung tragen – und das sind nicht die Bedingungen unseres Lebens, sondern das, was wir innerhalb dieser Bedingungen getan oder zu tun unterlassen haben. Diese Beobachtung bestätigen viele Hospizmitarbeiter: In den letzten Lebenswochen und -tagen wiegt meist weniger das, was das Schicksal uns zugespielt hat, als die Frage, was wir selbst in die Welt gesetzt haben.

An ein Einzelgespräch mit einer 90-jährigen freundlichen ehemaligen Deutschlehrerin erinnere ich mich insbesondere. Wir saßen im Moskauer Frühsommer im zauberhaften Garten des Hospizes – eine Oase des Friedens mitten in der hektischen Großstadt – unter einem Apfelbaum, und sie erzählte von ihrem Leben. Gegen Ende des Gespräches sagte sie, heute stehe sie vor ihrer Lebensgeschichte – sie sei bald fertiggeschrieben. Sie könne diese Geschichte nun nicht mehr korrigieren, verbessern, in vergangene Kapitel »zurückblättern«, um diese umzuschreiben. Dabei klang sie aber recht vergnügt: Sie war alles in allem dankbar für das, was da im sich nun schließenden Buch ihres Lebens stand; nur die eine oder andere Lieblosigkeit und die eine oder andere versäumte Gelegenheit, ihren Schülern zu helfen, trübe ein wenig das Gesamtbild eines Lebens, mit dessen Abschluss und Form sie heute ansonsten in Frieden sei – mit dem sie, wie sie sagte, »gut leben und sterben« könne. Aber, fuhr sie fort, *mein* Glück und zugleich meine Verantwortung als jüngerer Mensch sei es, dass ich meine Lebensgeschichte noch schreiben könnte; dass ich heute entscheiden könnte, wie viele lose Enden und wie viele gute oder weniger gelungene Kapitel in die Bilanz meines Lebens einfließen würden, bevor auch ich meine Geschichte abgeben müsse: »Gehen Sie gut an Ihr Werk.«

Es ist ungemein interessant, dass *exakt dasselbe* Bild auch von Viktor Frankl als psychotherapeutische Methode eingesetzt wurde für Patienten, die in neurotischer Erstarrung vor ihrer Lebensverantwortung zu flüchten versuchen:

> Wir weisen den Kranken an, sich vorzustellen, sein Lebensablauf wäre ein Roman und er selbst eine entsprechende

> Hauptfigur; es läge dann aber ganz in seiner Hand, den Fortgang des Geschehens von sich aus zu lenken, sozusagen zu bestimmen, was im nächsten Kapitel zu folgen hat. Dann wird er statt der scheinbaren Last der Verantwortung, die er scheut und vor der er flüchtet, seine wesenhafte Verantwortlichkeit im Dasein als Freiheit der Entscheidung gegenüber seiner Unzahl von Möglichkeiten des Handelns erleben.
>
> Noch intensiver können wir schließlich an den persönlichen Einsatz seiner Aktivität appellieren, wenn wir ihn dazu auffordern, sich vorzustellen, er sei an einem Endpunkt seines Lebens angelangt und im Begriffe, seine eigene Biografie zu verfassen; und eben jetzt halte er gerade bei jenem Kapitel, das von der Gegenwart handelt; und es liege nun, wie durch ein Wunder, ganz in seiner Hand, Korrekturen vorzunehmen; er dürfte gerade noch das, was unmittelbar darauf geschehen sollte, ganz frei bestimmen […]. Auch das Vehikel dieses Gleichnisses wird ihn zwingen, aus dem Vollen seiner Verantwortlichkeit heraus zu leben und zu handeln.[25]

Endlichkeit als Grundmerkmal unseres Lebens macht uns bewusst: Was wir entscheiden und der Lebensweg, den wir heute wählen, geht in die Vergangenheit ein, verdichtet sich zu unserer Lebensgeschichte. Wie viel schicksalhafte Wendungen das momentane Kapitel auch enthalten wird, gute und weniger gute – wenn wir den Maßstab unseres künftigen Ichs an unser heutiges Entscheiden anlegen und diesem künftigen Ich das Geschenk machen wollen, sich einmal mit sich und seinem Wirken in Frieden verabschieden zu können, dann ahnen wir auch, dass Gleichgültigkeit und Unverbindlichkeit keine empfehlenswerten Lebensmöglichkeiten sind.

25 Frankl, V. E. (2010). *Logotherapie und Existenzanalyse. Texte aus sechs Jahrzehnten.* Weinheim: Beltz, S. 22 f.

Damit haben wir nun bereits zwei gute Gründe kennengelernt, der Unverbindlichkeit und der Absage an die Hoffnung grundlegend zu misstrauen: erstens die Art und Weise unseres Werdens, zweitens die Gegenwart unserer Vergänglichkeit. Mit diesen Befunden gewappnet wollen wir nun einen erneuten Blick auf die Krise der Gegenwart werfen und dabei insbesondere jene Lebenshaltungen betrachten, die einem sinnvollen Dasein und der Freundschaft mit dem Leben im Wege stehen.

Die Gegenwart ist offen

Die unverbindliche Daseinshaltung der Gegenwart

Vor dem Hintergrund der bisherigen Betrachtungen muss einem der Befund, dass eine resignative, unverbindliche Lebens- und Weltsicht heute so verbreitet ist, umso mehr zu denken geben – eben gerade, weil schließlich schon die existenziellen Begleitumstände der beiden einfachsten Tatsachen unseres individuellen Lebens (Geburt und Tod) eine unverbindliche Lebens- und Weltsicht eigentlich Lügen strafen sollten. Wie kann man denn gleichgültig bleiben angesichts der eben beschriebenen Lebenstatsachen?

Viktor Frankl hat sich dieser Frage ein Forscherleben lang gewidmet. Er sprach in diesem Zusammenhang bereits in der Mitte des vergangenen Jahrhunderts von einer weitverbreiteten und sich insbesondere in den reichen Industrienationen immer weiter ausbreitenden provisorischen Lebens- und Daseinshaltung.[26] Frankl selbst war als Überlebender von vier Konzentrationslagern in seine vormalige Heimat Wien zurückgekehrt. Er diagnostizierte dieses Lebensgefühl zunächst in den ersten Jahren nach dem Zweiten Weltkrieg und damit in einer Zeit und unter dem Schatten von Ereignissen, die eine solche Lebenshaltung aus heutiger Sicht durchaus nachvollziehbar erscheinen lassen.

Man muss sich zum besseren Verständnis nur die historischen

26 Frankl, V. E. (1949). Aus der Krankengeschichte des Zeitgeistes. *Wiener Universitäts-Zeitung*. I/7.

und gesellschaftlichen Zusammenhänge vor Augen halten: Die damalige Kriegsgeneration hatte eine Neuordnung Europas während und nach dem Ersten Weltkrieg erlebt und keine zwanzig Jahre später den Ausbruch des Zweiten und eine Schreckensherrschaft sondergleichen – und zuletzt die reale Drohung der globalen Vernichtung angesichts der Geschehnisse von Hiroshima und Nagasaki. Was blieb dieser Generation nach Kriegsende? Ihre jüngste Vergangenheit war Last und Bürde, aber vergessen ließ sie sich nicht. Auch Verdrängen hätte wohl – sofern überhaupt – allenfalls eine kurzfristige, aber keine echte Entlastung eines belasteten Gewissens oder einer angesichts des massenhaften Mordens und Sterbens leidenden Seele gebracht. Die Gegenwart wiederum war fraglich und beschwert nicht nur von materieller Armut und Entsagung, sondern auch von der Bürde der Aufgabe, das Gewesene zu verstehen und zugleich von irgendwoher die Kraft zu nehmen, auf eine zudem noch ganz ungewisse Zukunft hin weiterzumachen:

> Diese Generation hat zwei Weltkriege erlebt, daneben einige ›Umbrüche‹, Inflationen, Weltwirtschaftskrisen, Arbeitslosigkeit, Terror, Vorkriegs-, Kriegs- und Nachkriegszeiten – zu viel für eine Generation. Was soll sie noch glauben – und müsste sie glauben, um aufbauen zu können. Sie glaubt an nichts mehr – sie wartet, auch sie.
>
> In der Vorkriegszeit hieß es: Jetzt etwas unternehmen? Jetzt, wo es jeden Augenblick zum Kriege kommen kann? Im Krieg hieß es: Was können wir jetzt tun? Nichts, als auf das Kriegsende warten – abwarten; dann werden wir weitersehen. Und kaum war der Krieg aus, hieß es wieder: Jetzt sollen wir etwas unternehmen? In der Nachkriegszeit ist nichts zu machen – alles ist noch provisorisch.[27]

27 Frankl, V. E. (1946). Leben wir provisorisch? Nein: jeder ist aufgerufen! *Welt am Montag* 11, 29. 4. 1946.

Nun wissen wir tatsächlich aus zahlreichen psychologischen Arbeiten, dass die von Frankl beschriebene provisorische Daseinshaltung in den Nachkriegsjahren ein virulentes massenpsychologisches Problem gewesen sein muss, und es fällt den meisten vermutlich relativ leicht, die Gründe für dieses Lebensgefühl zu verstehen und nachzuvollziehen. Wir wissen aber wie gesagt auch, dass diese Daseinshaltung paradoxerweise vor allem auch heute in Zeiten relativen Wohlstands in beunruhigend hohem Ausmaß beobachtet wird; mehr noch, wir wissen auch, dass diese Haltung heute sogar noch verstärkt wird durch zwei bis dahin kaum in diesem Ausmaß beobachtete Begleitphänomene. Zur provisorischen Daseinshaltung haben sich in der Gegenwart nämlich sowohl eine mitunter diffuse Wut auf »das System« oder wirklich Notleidende, die bei uns Zuflucht suchen, gesellt – und eine in diesem Maße wohl bisher ungekannte Anspruchshaltung demselben System gegenüber, welches zugleich so vehement und pauschal abgelehnt wird.

Diese Entwicklung wäre schon allein deswegen bemerkenswert, weil die Situationen und Lebensbedingungen, unter denen zwei verhältnismäßig ähnliche massenpsychologische Erscheinungen auftreten, kaum unterschiedlicher sein könnten. Die Kriegsgeneration lebte im Mangel, wir leben mitten im größten Überfluss. Wenn die Kriegsgeneration über das Lebensgefühl des Provisorischen hinweg trotzdem zusammengefunden hat, um aus den Ruinen eines Unrechtsstaats ein neues Land aufzubauen – was wird dann die heutige Gesellschaft aus diesem reichen Erbe machen, wenn sie sich und ihr Erleben, Entscheiden und Handeln von einem Gefühl der Entmutigung, Unverbindlichkeit, Gleichgültigkeit und gleichzeitiger diffuser Wut und Ablehnung leiten lässt? Wenn auch sie – wie Frankl das Kernmerkmal des Lebens im Provisorischen beschreibt – »wartet«? Und worauf? Was soll diese Generation denn tun? Welche Möglichkeiten eröffnen sich ihr, wenn sie nicht nur auf das blickt, was ihr geschieht, sondern auch darauf, wofür sie Sorge und Eigen- und Mitverantwortung tragen könnte? Wenn sie also nicht nur auf das Seiende, sondern auch das *Gesollte* ihrer gegenwärtigen Situation blickt?

Fragen, die das Leben stellt

Damit ist ein Wort gefallen, das zweideutig ist und vielleicht gerade dadurch ein Schlüssel zu unserer Fragestellung. Denn es gibt dieses »Gesollte« in wenigstens zwei Ausführungen: Hier jenes, das uns in Form der Bringschuld begegnet, die zumeist implizit als Forderung, also als Erwartung und Anspruch, in der zeitgenössischen Gestalt der provisorischen Daseinshaltung an die Welt gerichtet wird. Aus Gründen, die wir später noch zu untersuchen haben, glauben wir etwa, die Welt solle uns glücklich machen, sie schulde uns Anerkennung, Bedürfnisbefriedigung und noch mehr, aber sie gibt uns zugleich doch nur selten und in der Regel viel zu wenig von dem, was wir von ihr erwarten und verlangen.

Es gibt aber auch ein zweites Gesolltes: eines, das nicht wir der Welt gegenüber einfordern, sondern das Leben uns gegenüber – eben jenes Orchester, das auf unseren Einsatz wartet, und wir warten mit; oder jene noch ungeschriebenen Kapitel unseres Lebensbuches, über die wir uns später einmal hoffentlich nicht eingestehen werden: Hier habe ich etwas Wichtiges versäumt; hier sind Leerstellen und fehlende oder falsche Antworten auf Fragen, die das Leben an mich richtete. Es geht bei diesem Gesollten also nicht mehr darum, was ich von der Welt erwarte, sondern darum, was ich von mir, und mehr noch: das Leben von mir erwartet.

Interessanterweise ist es aber gerade diese letztgenannte Frage nach dem, was wir tun sollten und was uns in einer gegebenen Situation abverlangt sein könnte, die sich in der zeitgenössischen Ausformung der provisorischen Daseinsweise am allerseltensten zu stellen scheint. Diese Daseinshaltung zeichnet sich vielmehr dadurch aus, dass *gewartet* und vor allem etwas *erwartet* wird:

eben gerade nicht von einem selbst, wohl aber von anderen, von der Welt, vom Schicksal oder sonst einer Größe, die sich meinem Einfluss entzieht.

Hier kommen wir auch zu dem zweiten entscheidenden Unterschied zwischen der Ausgerichtetheit und dem Gehalt der provisorischen Daseinshaltungen der Kriegs- und unseren Generationen. Wie Frankl seinerzeit schrieb, bestand die Haupttätigkeit des Lebens im Provisorium eigentlich nicht aus Tun, sondern aus schicksalsergebenem Abwarten. Für die Kriegsgeneration galt folglich: Sie wartete. Und sie erwartete sich nichts Gutes, weil die bisherige Erfahrung sie gelehrt hatte, dass nichts Gutes zu erwarten war. Wozu also Initiative ergreifen?

Forschungsarbeiten unserer existenzpsychologischen Arbeitsgruppen an den Universitäten Wien und Moskau zeigen hingegen, dass die zeitgenössische Ausprägung der provisorischen Daseinshaltung sich gerade an diesem Punkt wesentlich von ihrem historischen Vorbild abzugrenzen scheint.[28] Die Diagnose ist zugleich ernüchternd: Die Betroffenen scheinen sich heute nämlich weniger vor dem zu fürchten, was *kommt*, als davor, dass *sie* etwas nicht oder nicht genug *bekommen*. Sie erwarten sich, mit anderen Worten, nicht zu wenig Gutes, sondern sehr viel Gutes, und das ohne Verzögerung, schnell und gleich. Sie wissen demnach meistens recht genau, was die Welt – und Welt heißt hier vor allem: die Welt der Mitmenschen – ihnen schuldet und für sie bereitstellen soll und doch nur selten im ausreichenden Maße bereitstellt. Sie sehen aber nicht recht, dass auch sie etwas für die Welt bereithalten sollten. Dass im Grunde nicht nur sie bedürftig sind, sondern auch die Welt; und dass es zudem wenig Sinn machen kann, wenn alle darauf warten, dass der jeweils andere einen Schritt auf den

28 Batthyány, A. & Shtukareva, S. (2016). *Pathology of the Zeitgeist across Europe and Russia: The 21st Century*. Research Paper 22. Moscow: Moscow Institute of Psychoanalysis.

Nächsten zu tut. Dann tut nämlich, wenn es mit rechten Dingen zugeht, niemand etwas. Sie sehen den von ihnen erwarteten Einsatz vielleicht oft schon deswegen nicht, weil sie vermuten, dass ihnen die Frage nach dem von ihnen Gesollten keine Antwort geben würde auf die für sie viel entscheidendere Frage, warum sie nicht das bekommen, was sie wollen.

Ihr ganzes Bezugssystem weist somit auf ein einziges Zentrum hin: auf das Ich. Die Dinge sind entweder auf dieses Ich bezogen und sollen seinem Erhalt und Wohlergehen dienen, oder sie sind uninteressant und werden alsbald an den Rand der Welt oder gleich ganz aus der Welt gedrängt. Zwar könnte man auf den ersten Blick meinen, ein solches Bezugssystem und Erleben sei reich und lebendig, weil das Ich ja noch viel stärker und involvierter am Geschehen teilnimmt, als dies »normalerweise« der Fall sei. Die klinische Erfahrung zeigt aber: Das Gegenteil ist wahr. In dem Maße, in dem nicht das Ich sich den Dingen zuwendet, sondern sich die Dinge dem Ich zuwenden sollen, verkümmert seine Welt, weil es ja letzten Endes überall nur sich selbst und seine eigenen Bedürfnisse antrifft und gar nicht mehr die Welt.

Der Wiener Psychiater Rudolf Allers hat in diesem Zusammenhang Anfang der 1960er-Jahre eine feinfühlige phänomenologische Beschreibung des Wesens und der psychologisch fatalen Folgen solcher Anspruchshaltungen vorgenommen. Es soll uns hier nicht stören, dass sich Allers in seiner Beschreibung der Sprache der seinerzeitigen existenziellen Psychiatrie bedient und durchgängig vom »Neurotiker« spricht, wenn er das Problem der überwertigen Anspruchshaltung beschreibt – entscheidender ist die unglückliche Dynamik, welche die beschriebene Egozentrik in Gang setzt:

> Dem Neurotiker ist die Welt nur eine Gelegenheit, Erfüllung seiner Wünsche zu finden, nicht aber primär ein Ort der Bewährung. Denn der Neurotiker will zwar etwas gelten, nicht aber sich bewähren. Das ist ihm unmöglich, weil er

> damit den Anspruch der Welt anerkennte und sich ihr verpflichtet wüsste. Damit aber wäre die Suprematie des Ich aufgehoben. So führt die Überbetonung des Ichs letztlich zu einem Versagen und zum Verlust aller Erfahrung, an der das Ich erstarken könnte, indem es sich dem Anspruch der Welt antwortend hingibt. Dem Neurotiker aber erscheint die Welt nicht als das, dem er antworten soll, sondern als das, das ihm die erwartete Antwort bereithalten sollte und niemals bereithält. Anstatt wie ein magischer Spiegel ihm ein vergrößertes und verschönertes Bild seiner selbst zu zeigen, wirft die Welt ein zur Fratze verzerrtes Gebilde zurück, in dem der Neurotiker sich nicht erkennt und dessentwegen er die Welt anklagt.[29]

Was könnte jemanden, der in einem solchen Spiegelkabinett des Ichs gefangen ist, befreien? Was würde sie oder ihn aus der fortwährenden Enttäuschung über sich und Abkehr von der lebendigen Wirklichkeit der Welt hinausführen? Und zunächst: Woher kommt diese Haltung eigentlich?

Der Mensch: Mehr als ein Produkt der Vergangenheit

Die Psychologie hat auf die Frage nach den Ursprüngen und Ursachen des um sich greifenden Verlusts an Hoffnung und Idealismus sowie der Natur der gegenwärtigen Krise unseres Menschenbilds im Laufe der letzten Jahre sehr unterschiedliche Antworten gegeben und methodische Wege vorgezeichnet. Der

29 Allers, R. (1963/2008). *Abnorme Welten. Ein phänomenologischer Versuch zur Psychiatrie.* Hrsg., kommentiert und eingeleitet von A. Batthyány. Weinheim/Basel: Beltz, S. 143.

eine Weg besteht etwa darin, verstehen zu wollen, warum jemand für die Ansprüche und Sinnmöglichkeiten der Welt erblindet und die eigenen Ansprüche an die Welt im gleichen Maße hochschraubt.

Eine solche psychologische Ursachenforschung geht dabei in gewisser Weise historisch vor: Sie versucht, die Voraussetzungen und Bedingungen zu finden, unter denen eine solche Daseinshaltung entstehen und sich festsetzen konnte, obwohl sie ja allem Anschein nach eben jenes Versprechen auf Glück und Freude, auf das jemand Anspruch erheben zu können glaubt, nicht einzulösen vermag. Das Problem einer solchen primär ursachenorientierten, »kausalen« Analyse ist allerdings, dass von vorneherein noch gar nicht auszumachen ist, welche Faktoren und Tatsachen tatsächlich dazu beigetragen haben, dass jemand eine übertriebene und einseitige Anspruchshaltung entwickelt. Um diese Faktoren und ihren jeweiligen Einfluss auszumachen, müssten wir im Grunde ein vollständiges Inventar aller möglichen Einflussfaktoren und Erlebnisse erstellen, und das bleibt auf lange Sicht hin ein ganz und gar utopisches Unterfangen.

Aber selbst dann, wenn wir einen wahrscheinlichen Erklärungskandidaten gefunden haben, gewinnen wir nicht allzu viel Klarheit. So zeigt die psychologische Forschung beispielsweise, dass eine solche Lebenshaltung oftmals bei Erwachsenen zu finden ist, die als Kinder übermäßig *verwöhnt* wurden[30] – und die intuitiv durchaus naheliegende Schlussfolgerung lautet demnach, dass diese Menschen allem Anschein nach einfach nie die Gelegenheit hatten, zu lernen, dass nicht nur sie von anderen empfangen müssen, was sie sich wünschen, sondern dass erstens bisweilen andere auch bedürftig sind und zweitens manche Freude einem nicht in den Schoß gelegt wird, sondern erarbeitet und geleistet

30 Frick, J. (2001). *Die Droge Verwöhnung. Beispiele, Folgen, Alternativen.* Bern: Huber.

werden muss – mitsamt der Bereitschaft, das immer auch bestehende Risiko einzugehen, darin zu scheitern.

Die Forschung zeigt aber auch, dass Menschen, die in ihrer Kindheit *vernachlässigt* wurden, ebenfalls eine überzufällig hohe Neigung aufweisen, überzogene Anspruchshaltungen an die Welt zu richten und den Anforderungscharakter des Gesollten auszublenden.[31] Und auch das will einem unmittelbar als eine aus dem Nachholbedarf des Unerfüllten geborene Lebenshaltung irgendwie einleuchten.

Die Tatsache, dass ein und dasselbe Phänomen zwei einander entgegengesetzte Ursachen haben kann, legt nahe, dass hier noch mehr im Spiel sein muss als bloß die genannten biografischen Ursachen. Wie überhaupt der Versuch, menschliches Erleben und Verhalten primär aus seiner Vergangenheit abzuleiten, stets nur auf das Empfangene und die Bedingtheiten, nicht aber die Freiheit der Person blickt, in dieser oder jener Weise auf frühere Entbehrungen oder übermäßige Verwöhnung zu reagieren.

Das wollen wir uns nun näher ansehen, denn wie sich bald zeigen wird, ist es unter anderem diesem auch im gegenwärtigen Zeitgeist weitverbreiteten »kausalen Ansatz« geschuldet, dass Menschen sich von ihren Bedingtheiten und Außenumständen abhängiger machen, als sie es eigentlich müssten.

Erstens bleibt der kausale Ansatz, also das Unternehmen, verstehen zu wollen, wo und an welcher Weggabelung zum Beispiel eine solche irrige Weltsicht oder andere hinderliche Denkgewohnheiten erworben wurde, stets spekulativ und ist zudem in vielen Fällen nicht einmal besonders hilfreich. Denn wenn man weiß, wie etwas entstanden ist, versteht man noch lange nicht automatisch, was es ist, geschweige denn, wie man Abhilfe schaf-

31 Minnis, H., Marwick, H., Arthur, J., & McLaughlin, A. (2006). Reactive attachment disorder – a theoretical model beyond attachment. *European Child & Adolescent Psychiatry*, 15 (6), 336–342.

fen kann. Das sind zwei grundlegend verschiedene Dinge: Zu verstehen, warum wir uns auf dem Weg zum Haus eines Freundes verlaufen haben, sagt uns noch nicht, wie wir zu ihm hinfinden können.

Der kausale Ansatz ist daher nicht nur mit Blick auf die klinische und wissenschaftliche Datenlage oft fraglich. Ab dem Moment, ab dem er die Botschaft an den Menschen heranträgt, dass dieser nicht eigentlich auf bestimmte ihn mutmaßlich prägende Tatsachen *antworte*, sondern auf diese Faktoren bloß automatisch eben auf diese und keine andere Weise reagieren musste und könne, wird er auch zum Hindernis einer existenziellen Wegkorrektur.

Die vermeintlich erklärenden Befunde sind also mitunter nicht nur recht widersprüchlich, sie lassen auch außer Acht, dass der kausale Weg, den wir im Blick auf die vermeintlich bestimmende Vergangenheit ableiten, sich vom Resultat rückwärts zu den vermuteten Ursachen durcharbeitet. Dabei werden auch leicht jene Fälle übersehen, in denen dieselben Faktoren wirkten, ohne je zur Ursache des entsprechenden Resultats geworden zu sein. Wie viele heute Erwachsene etwa sind als Kinder übermäßig verwöhnt oder vernachlässigt worden, und es ist ihnen trotz oder gerade wegen dieser biografischen Tatsache gelungen, eine Daseinshaltung für sich zu gewinnen, die auf ein ausgewogeneres Verhältnis zwischen Geben und Nehmen, Erwarten und Erfüllen aus ist?

Charlotte Bühler hat in diesem Zusammenhang vorgeschlagen, es solle der Psychologie nicht nur darum gehen, Biografien auf jene Faktoren hin zu untersuchen, die zu einer psychischen Erkrankung oder anderweitig zu einem brüchigen und anfälligen Daseinsgefühl führten. Vielmehr ginge es auch und vor allem darum, Biografien auf jene Ressourcen hin abzusuchen, die es Menschen ermöglichen, unter den exakt gleichen oder mitunter sogar schwierigeren Umständen dennoch seelisch heil und ganz zu bleiben. Denn mitunter ist es Menschen sogar möglich, nach und an erlebtem Unglück zu reifen und innerlich zu wachsen, und etwa für das Leid anderer nun offener und verständnisvoller zu sein als jene, die Vergleichbares nie durchlebten.[32]

Die umfangreichen Tagebuchstudien von Charlotte Bühler und zahlreiche weitere Arbeiten aus dem Bereich vor allem der Logotherapie und Existenzanalyse Viktor Frankls haben hier viel geleistet. Es ist heute kaum mehr notwendig, den Blick auf das dennoch Heile im Kranken oder das Heilsame im andernfalls oft Krankmachenden gegen die Kritik zu verteidigen, eine solche Sichtweise ignoriere die Bedingtheit des Menschen oder verlange ihm zu viel ab und überfordere ihn. Insbesondere nicht in dem hier behandelten Zusammenhang – denn hier geht es ja primär darum, dass Menschen nicht *sich selbst* überfordern, sondern die Welt und das Leben, dem sie nur dann zuzustimmen bereit sind, wenn es ihnen widerstandsfrei und ohne große Gegenleistung alles bieten möge, wonach sie gerade begehren. Im Gegenzug zu ihren überzogenen Anspruchshaltungen *unterfordern* diese Menschen sich selbst, weil sie eben wenig von sich, aber umso mehr von Dritten erwarten.

Das Problem und die Gefahr einer »erklärenden« oder »aufdeckenden« Psychologie ist in diesen Fällen also nicht nur, dass die Erklärung selbst methodisch und theoretisch fragwürdig ist; das Problem ist vielmehr, dass es gerade die passive Daseinshaltung noch verstärkt, indem sie implizit suggeriert, man sei so geworden, wie man geworden ist, weil alleine die Umstände einen dazu gemacht haben. Das steht nun einerseits in radikalem Widerspruch zu den Einsichten, die Sterbende im Rückblick auf ihr eigenes Leben gewinnen: Es kommt eben nicht, oder nicht primär darauf an, was wir erlebt und empfangen haben, sondern darauf, was wir daraus gemacht und was wir ausgesendet haben: »Nicht das, was durch den Mund in den Menschen hineinkommt, macht ihn un-

32 Bühler, C. (1933). *Der menschliche Lebenslauf als psychologisches Problem.* Leipzig: Hirzel.

rein, sondern was aus dem Mund des Menschen herauskommt, das macht ihn unrein« (Mt 15,11).

Zugleich wirkt hier oft eine gleichermaßen fatale wie menschlich nachvollziehbare methodische Verzerrung mit ein: Zahlreiche psychologische Studien zeigen, dass Menschen dazu neigen, für das, was ihnen misslungen ist, andere Menschen oder die Umstände oder andere schicksalshafte Faktoren verantwortlich zu machen. Für das aber, was ihnen gelungen ist, schreiben sie sich selbst die Verantwortung zu. Kurz: Es fällt uns wesentlich leichter, anderen die Schuld für Fehler und uns selbst den Verdienst für das Gelungene zuzuschreiben.[33] So verständlich das auch sein mag, so sehr unterminiert diese Verzerrung aber unsere Fähigkeit, zumindest im Rückblick Verantwortung für Teile unserer Biografie zu übernehmen.

Mit Blick auf eine kausale Erklärung unseres Erlebens und Verhaltens aus unserer bisherigen Biografie oder anderen vermeintlich oder wirklich »prägenden« Faktoren bedeutet das leider auch, dass wir manchmal dazu neigen, nicht nur unsere Verantwortung und Freiheit zu unterschätzen, sondern zudem noch das weniger Gelungene stärker zu gewichten als das Gelungene und Gute.

Die Folgen sind absehbar: Man betrachtet sich zunehmend als Opfer der Umstände, ohne je auf die Möglichkeiten und Folgen des eigenen Beitrags zu blicken. Man bindet sich an das Unabänderliche – das Vergangene ist ja tatsächlich das geschriebene und nun nicht mehr korrigierbare Kapitel unserer Lebensgeschichten. Aber man übersieht, oder traut sich nicht zu, dass man sich das *heutige* Kapitel eben nicht von der Vergangenheit diktieren lassen muss, sondern jetzt entscheiden kann, dass die Hauptperson dieser

33 Pronin, E., Lin, D. Y., & Ross, L. (2002). The bias blind spot: Perceptions of bias in self versus others. *Personality and Social Psychology Bulletin*, 28 (3), 369–381.

Lebensgeschichte einen anderen Weg einschlägt, als diese Faktoren vielleicht nahelegen.

Einfacher gesagt: Was immer da an vermeintlichen oder wirklichen Entbehrungen und schmerzhaften Erfahrungen oder Lieblosigkeit gewesen sein mag – die Entscheidung, wie diese Faktoren in der Gegenwart auf uns wirken, treffen nicht allein diese Faktoren, sondern wir selbst und heute. Die Voraussetzung dafür ist allerdings, dass wir uns diese Entscheidung auch zutrauen.

Die Gegenwart als offener Raum

Kommen wir daher noch einmal darauf zurück: Die Gegenwart ist der Ort, an dem wir die Geschichte unseres Lebens mitverfassen – vor dem Hintergrund einiger schicksalhafter Faktoren, auf die wir keinen Einfluss haben. Diese Gegenwart ist somit auch, aber nicht nur Produkt unserer Bedingtheit; sie ist auch Produkt unserer Entscheidungen – und auch noch der Entscheidung, wie viel Gewicht wir unserer Bedingtheit einräumen. Der Grundirrtum des kausalen Ansatzes liegt folglich darin, dass er das Verhältnis von Empfangenem und Ausgesendetem linear abbildet und das Mitspracherecht und die Mitautorenschaft bei unserer Lebensgeschichte aus den Augen verliert – und damit auch die Verantwortung, die wir für *unseren* Beitrag tragen.

Um das an einigen konkreten Beispielen sichtbar zu machen: Wenn wir gehasst oder geliebt werden, dann ist für diesen Moment nicht mehr wahr, als dass uns jemand gehasst oder geliebt hat. Aber das allein macht uns selbst aus sich heraus noch lange nicht notwendig zum Hassenden oder zum Liebenden – es sei denn, wir lassen es zu, uns von der naheliegenden Reaktion mitreißen zu lassen und selbst zu hassen, oder wir sind bereit, in das wohlwollende Verhältnis von Geben und Nehmen einzutreten und das Geliebtwerden liebend zu erwidern. Wir *können* in beiden Fällen aber auch gleichgültig oder gar nicht antworten; oder dem Hass mit Freundlichkeit und der Liebe mit Ablehnung gegenübertreten. Gleich aber, was wir tun, hat nicht das uns widerfahrene Gehasst- oder Geliebtwerden uns zum Hassenden oder Liebenden gemacht, sondern *unsere* Entscheidung – und diese Entscheidung prägt unsere Identität und unser Sein stärker als die bloße Tatsache, dass wir einmal gehasst oder geliebt wurden. Diese Entscheidung, und nicht das, was uns widerfährt, macht uns zu dem, was wir sind. Kurz: Wir können uns nicht aussuchen, wie sich andere uns gegenüber verhalten. Oder allgemeiner: was das Schicksal uns zuspielt. Worüber wir aber bestimmen können, ist das, was wir aussenden. Das ist unser Beitrag – auf den kommt es an.

Man kann das auf vielerlei Ebenen und an zahlreichen Beispielen durchspielen und sehen: Es gibt zwischen dem, was uns geschieht, und dem, was wir in die Welt aussenden, ein *alles entscheidendes* Moment der Wahl und Freiheit: Bestohlen worden zu sein wie beschenkt worden zu sein, betrogen worden zu sein wie gefördert worden zu sein – alles dies sind Erlebnisse; aber sie machen uns nicht zu dem, was wir sind; sie handeln nicht. Denn der Mensch reagiert nicht nur, er kann auch agieren. Er steht, mit anderen Worten, nicht nur als passiver Empfänger am Ende von Kausalketten, sondern kann sich auch an den Beginn von Kausalketten stellen und mit dieser Entscheidung bereits alle Prognosen seines Verhaltens (und wiederum dessen Wirkungen) beiseitelegen und etwas Unerwartetes in die Welt setzen. Er kann auch dort, wo er ein negatives Empfangenes unter »normalen Umständen« einfach weiterreichen und damit wiederum weitere Kettenreaktionen des Leids in Gang setzen würde, haltmachen. Er kann sich in reifer und bewusster Entscheidung aus dem Spiel des ewigen Weiterreichens und Vermehrens von Leid, egoistischem Handeln auf Kosten anderer oder Achtlosigkeit nehmen. Er kann, mit anderen Worten, den ersten Schritt tun und auch da noch etwas Gutes aussenden, wo er etwas Schlechtes empfangen hat.

In seinem Theaterstück »Synchronisation in Birkenwald«, geschrieben kurz nach seiner Befreiung aus seinem letzten Konzentrationslager, hat Viktor Frankl hierzu eine bemerkenswerte Schlüsselszene verfasst. Der Hintergrund: In den Baracken des fiktiven Konzentrationslagers Birkenwald unterhalten sich zwei Brüder, Paul und Franz – das Gespräch ist gezeichnet vom nahenden Ende. Beide Brüder befinden sich in jener seltsam angeregten Stimmung und Geistesklarheit, die man oft bei Menschen beobachten kann, die sich in einer scheinbar hoffnungslosen Situation so sehr in die Gegenwart flüchten, dass sie mit einem Mal über eine ungeheure Vitalität und Wahrnehmungsgabe verfügen. Im Gespräch malt sich Paul aus, was er tun würde, würde er wider Erwarten aus dem Konzentrationslager befreit. Er will sich an jenen rächen, die ihm und den Seinen angetan haben, was sie derzeit erleiden: »Aug um Aug, Zahn um Zahn.« Die Reaktion des Bruders ist überraschend:

FRANZ: Komm mir nur nicht mit der Bibel! Du könntest sie leicht missverstanden haben. Und wer weiß, ob du sie wirklich kennst. Oder soll ich dich prüfen? Dann sag mir einmal: Wozu hat der Herrgott dem Kain, dem ersten Mörder unter den Menschen, das Kainszeichen aufgedrückt?

PAUL: Klar – damit man ihn erkennt, den Mörder, den Verbrecher, und vor ihm gewarnt ist und sich entsprechend verhält …

FRANZ: Falsch! Sondern das Kainsmal sollte dazu dienen, dass Kain nichts geschieht, dass die Menschen ihm nichts tun, ihn nicht mehr weiter strafen, nachdem er vom Herrgott bestraft worden war, und damit sie ihn in Ruhe lassen. Geht dir jetzt ein, wozu das Kainszeichen da war? Denk doch nur einmal darüber nach, was sonst geschehen wäre: das Morden hätte einfach nicht mehr aufgehört, ein Mord hätte den andern ergeben, ein Unrecht das andre gezeugt –, wenn man immerfort Gleiches nur mit Gleichem heimgezahlt

> hätte. Nein! Endlich einmal soll die Kette des Bösen abgerissen werden!! Wir wollen nicht wieder und immer wieder Unrecht mit Unrecht vergelten, Hass mit Hass erwidern und Gewalt mit Gewalt! Die Kette, Paul, die … Kette – das ist es! Die muss endlich gesprengt werden … *(sinkt zurück auf die Bretter).*[34]

Nun mag man einwenden: Das ist heldenhaft und schon von daher eignet es sich kaum als Beispiel und Vorbild einer Psychologie des Alltags. Diesem Einwand muss man allerdings direkt begegnen: Was sonst, wenn nicht das Beispiel- und Vorbildhafte sollte Beispiel und Vorbild sein? Wenn es möglich ist, sogar angesichts des historisch Einmaligen eine solche Haltung einzunehmen, wie sollte dies dann *nicht* möglich sein, wenn man auf ungleich viel höherem Niveau über die kleinen und großen echten und vermeintlichen Verletzungen des Alltags klagt und gerade dabei ist, dem Nächsten (oder dem Leben) in barer Münze heimzuzahlen, was man als Ungerechtigkeit, Unfreundlichkeit und mangelnde Unterstützung erfahren zu haben glaubt? Mit anderen Worten: Wer, außer uns selbst, bestimmt denn, dass es nur Teufelskreise des sich stets fortsetzenden Schlechten und Sinnwidrigen geben kann und nicht auch von uns selbst in Gang gesetzte Kettenreaktionen des Guten, Heilsamen, Liebenden, Ermutigenden?

34 Frankl, V. E. (2006). *Psychologie des Konzentrationslagers. Synchronisation in Birkenwald. Und ausgewählte Texte 1945–1993.* Gesammelte Werke Bd. 2; Hrsg. von A. Batthyány, K. Biller und E. Fizzotti. Wien: Böhlau, S. 56.

Mitten im Leben Freiheit

Der Mythos des Abreagierens

Im letzten Kapitel haben wir kurz die von Viktor Frankl in den Raum gestellte Möglichkeit betrachtet, der Mensch habe die Wahl, auf das, was er empfangen hat, nicht nur zu reagieren, sondern frei darüber zu verfügen, was dieses Empfangene aus ihm macht – und wichtiger noch: was er daraus macht.

Aber man hört und liest auf der anderen Seite immer wieder, dass es psychologisch ungesund sei, die ersten und spontanen Bauchreaktionen im Zaum zu halten und »aggressionsgehemmt« etwas Gutes in die Welt zu setzen, wo man etwas Schlechtes empfangen hat. Es gehörte tatsächlich zu den schädlicheren Mythen der Populärpsychologie des vergangenen Jahrhunderts, dass man schlechte Gefühle ohne Abstriche ausleben müsse, damit sie sich nicht gegen einen richten – etwa: ausgelebte, abreagierte Aggression sollte Depression vorbeugen; Depression sei überhaupt nach innen gerichtete, weil unterdrückte Aggression. Das mag zunächst plausibel klingen; aber das Selbst- und Menschenbild, das mit dieser Formel vermittelt wird, ist zugleich fatal. Wichtiger noch: Wir wissen heute, dass dies ein wissenschaftlicher Irrweg und die einfache Formel schlichtweg falsch ist. Es ist im Gegenteil so: Wer mit (durch was auch immer begründet geglaubten) Hass- und Verbitterungsgefühlen im Herzen durch sein Leben geht und die entsprechenden unfreundlichen Signale nach außen sendet, schafft nicht nur in seiner Umwelt Leiden und Kälte (und ruft nicht selten damit eben jene Reaktionen hervor, die ihn erst recht wieder in seiner negativen Lebenshaltung bestärken). Er vergiftet auch langfristig seine Innenwelt – er schadet also gleichermaßen seiner Umwelt wie sich selbst. Wie die psychologische Forschung zeigt, geschieht dies nicht obwohl, sondern gerade weil er seine Gefühle so frei und ungebremst auf seine Umwelt loslassen zu müssen oder zu können glaubt.

Versuchspersonen, denen man zum Beispiel die Gelegenheit gibt, nach einer im Labor erfahrenen Kränkung ihre Gefühle – meist Aggressionen – auszuleben (etwa durch Einschlagen auf einen Sandsack), und die man bittet, erst aufzuhören, wenn sie selbst meinten, sie hätten genügend Zeit und Möglichkeit gehabt, ihre Frustration und Aggressionen ausreichend intensiv abzureagieren, verhalten sich im Anschluss auch gänzlich unbeteiligten Personen gegenüber signifikant *aggressiver* und *unfreundlicher* als Versuchspersonen der Kontrollgruppe, denen keine Gelegenheit gegeben wurde, nach der Verletzung ihre Aggressionen »abzubauen«.[35] Das Ergebnis lautet also: Das Abreagieren von Aggressionen *füttert den Appetit der Aggression*, statt den Hunger nach innerem Frieden und Ausgleich zu stillen.

Dieser Befund ist umso bemerkenswerter, als eine Teilgruppe der Versuchspersonen, der zuvor zusätzlich suggeriert wurde, es sei psychologisch gesund und würde sich besser anfühlen, »Dampf abzulassen« und ihre Aggressionen auszuleben, nach ihrer Katharsis sogar noch aggressiver war als die Teilgruppe, die keine weiteren Instruktionen über die angeblich seelisch ausgleichende Wirksamkeit des Abgreagierens bekam. Nicht einmal die Suggestion, das Abreagieren würde helfen, konnte den fatalen Teufelskreis der sich hochschaukelnden negativen Gefühle also durchbrechen; sie verstärkte die Aggression sogar noch. Man kann sich also unschwer vorstellen, um wie viel fataler derselbe Rat, seine negativen

35 Bushman, B. J., Baumeister, R. F., & Stack, A. D. (1999). Catharsis, Aggression, and Persuasive Influence: Self-Fulfilling or Self-Defeating Prophecies? *Journal of Personality and Social Psychology*, 76 (3), 367–376.

Gefühle bloß nicht im Zaum zu halten, außerhalb des psychologischen Labors ist. Wenn keine selbstlimitierende Situation gegeben ist und sich die Aggressionen und Verletzungen ungebremst von der Regie des Versuchsleiters fortsetzen und verstärken können, werden auch unbeteiligte Dritte Opfer der fehlverstandenen Psychodynamik des Aus- und Abreagierens.

Wenn nun dieser Weg aber der augenscheinlich falsche Weg ist, wird es Zeit, sich nach Alternativen umzusehen. Vielleicht beschleicht den einen oder anderen Leser allerdings an dieser Stelle der Verdacht, dass wir das Pferd gerade von hinten aufzäumen. Um überhaupt die Bereitschaft aufzubringen, sich nach Alternativen umzusehen, müssen wir uns vermutlich erst einmal als verantwortlich für die Folgen unseres Entscheidens und Handelns erkennen. Und wir sollten immerhin so weit an der Welt und ihrem Wohlergehen interessiert sein, dass wir überhaupt die Suche nach lebensbejahenderen und konstruktiveren Alternativen für sinnvoll und gut und der Mühe wert erachten. Wir müssten außerdem unseren Beitrag zur Welt als ausschlaggebend anerkennen für das, was einmal durch uns in der Welt und Teil unserer Lebensbilanz sein wird.

Nun zeigt die klinische Erfahrung, dass ein solches Gewahrwerden nicht erst – dort allerdings regelmäßig – am Lebensende eintreten muss. Oft reicht es schon aus, neben den Bauchgefühlen und dem Kopfdenken eine Instanz in uns sprechen zu lassen und zu beachten, die die philosophische Tradition »Gewissen« und der Volksmund »Herzensweisheit« nennt. Wie das wirkt – und vor allem, wie heilsam es sein kann, dieser Stimme Gehör zu schenken, will ich zunächst an einem konkreten Beispiel erörtern. Es weist uns den Weg zu geistig-seelischen Zusammenhängen, die den Blick freigeben auf die beinahe wundersame Fähigkeit des Menschen, »eine Tragödie in einen Triumph zu verwandeln« (Frankl) – einen Triumph nicht nur für den Betroffenen selbst, sondern einen Triumph für das Leben.

Dem Schlechten Gutes entgegenbringen

Das Fallbeispiel handelt von einem jungen Diplompsychologen um die vierzig, der eine hohe staatliche Auszeichnung erhalten hatte, weil er ein Heim für Kinder aus sogenannten *broken homes* gegründet und ein ausgesprochen heil- und wirksames Betreuungskonzept für die Aufnahme, Unterstützung, Nacherziehung und Begleitung der dem Heim anvertrauten Kinder entwickelt hatte. Als der Heimdirektor auf einem Fachseminar von Kollegen gebeten wurde, über diese Arbeit zu berichten, erwarteten die meisten seiner Zuhörer, er würde höchstwahrscheinlich etwas von der Notwendigkeit persönlichen gesellschaftlichen Engagements erzählen und vielleicht auch von der Verpflichtung, etwas von seinem Glück als wohlbehütet aufgewachsenes Kind und seinem Fachwissen als Psychologe mit weniger vom Schicksal bevorzugten, hilfsbedürftigen Kindern zu teilen.

Aber der Kollege sprach zuerst von etwas ganz anderem. Er erzählte von dem wiederholt berichteten Befund, dass Kinder, die von ihren Eltern missbraucht, geschlagen und vernachlässigt wurden, überzufällig häufig dazu neigen, dasselbe ihren eigenen Kindern anzutun.[36]

Dieser Zusammenhang ist tatsächlich nicht überwältigend groß; aber er weicht doch signifikant von der reinen Zufallserwartung ab und ist mittlerweile in zahlreichen Studien bestätigt worden. Der Mechanismus einer solchen »Übertragung« ist noch nicht restlos geklärt; womöglich spielen hier Modelllernen und Bindungsprägungen ebenso eine Rolle wie der Mangel an früher

36 Oliver, J. E. (1993). Intergenerational Transmission of Child Abuse: Rates, Research and Clinical Implications. *American Journal of Psychiatry* 150: 1315–24.

Stimulierung der Ausbildung der neuronalen Korrelate von positiven und ermutigenden Bindungen, Einfühlungsgabe und Impulskontrolle.[37] Es war nun zunächst nicht recht klar, worauf der Kollege hinauswollte – warum er seine Erzählung mit just diesem Befund einleitete –, bis er begann, von seiner eigenen Kindheit zu berichten. Er wuchs nicht wohlbehütet auf, sondern als jüngster Sohn eines extrem gewalttätigen Alkoholikers und einer nur unzulänglich behandelten manisch-depressiven Mutter. Als jüngster von drei Brüdern war er über seine gesamte lange Kindheit und Jugendzeit hinweg gleichsam der Blitzableiter all der Aggression, Enttäuschung, Unsicherheit und Unstetheit dieser Familie gewesen. Auch in seiner Nachbarschaft und Schulklasse fand er kaum Freunde und Gesprächspartner, war er doch gebrandmarkt als das Kind dieser »asozialen Familie«. Nur dem guten Zureden seines Großvaters war es zu verdanken, dass zwei der Brüder – darunter dieser Kollege – überhaupt bis zum Abitur zur Schule gingen.

Eines Tages, so berichtete er weiter, fiel dann beim Einkaufen im Supermarkt sein Blick zufällig auf das Titelblatt einer populärpsychologischen Zeitschrift, in der ein Artikel über die Wirkung und Folgen einer Kindheit in *broken homes* annonciert wurde. Er kaufte sich diese Ausgabe und las sie noch auf dem Heimweg. Der Kollege erzählte, dass er beim Lesen dieses Artikels überhaupt erstmals bereit war, all das erlebte Unglück seiner Kindheit anzuerkennen. Die nun wieder auftauchenden schmerzhaften Erinnerungen an seine Kindheit erschütterten ihn; aber es war vor allem der im Artikel diskutierte eben erwähnte Zusammenhang zwischen erlebtem und weitergegebenem Leid, der ihn am meisten beunruhigte: Bestand denn etwa die Gefahr, dass er etwas Ähnliches seinen eigenen (damals noch gar nicht geborenen) Kindern

37 Muller, R. T., Hunter, J. E., Stollak, G. (1995). The Intergenerational Transmission of Corporal Punishment: A Comparison of Social Learning and Temperament Models. *Child Abuse and Neglect*, 19: 1323–35.

antun könnte? Und würden seine Kinder dieses dunkle Erbe dann wiederum an ihre Kinder weitergeben – in einer scheinbar schier endlosen Kettenreaktion aus stets weitergegebenem Mangel an Liebe, Zuwendung und Ermutigung?

Der Kollege berichtete, dass in ihm in den folgenden Wochen der feste Entschluss reifte, dass zumindest *diese* – seine – Kette des Leidens unterbrochen werden müsse, und dass er sich damals selbst das Versprechen abgenommen habe, dass *er* es sein werde, der diese Kette zum Abreißen bringen würde. So ging er, der eigentlich bereits im Fach Maschinenbau eingeschrieben war, dazu über, in Mindestdauer Psychologie zu studieren und sich auf das Gebiet der Kinder- und Jugendfürsorge zu spezialisieren. Einige Jahre (und Ausbildungen) später war es ihm dann gelungen, die Neugründung eines kurz zuvor in Konkurs gegangenen Kinderheims voranzutreiben, und so war er tatsächlich bald in der Lage, Kindern aus *broken homes* eben jene Begleitung und Hilfe anzubieten, die ihm nun diese Auszeichnung eingebracht hatte. Nach einer kurzen Pause fügte er hinzu: »Ich hatte bei alledem auch einen Vorteil. Meine Mitstudenten mussten nachlesen und lernen, um sich das nur schwer Vorstellbare vorstellen zu können: Wie es Kindern ergeht, die in *broken homes* aufwachsen – wenn sie ängstlich zu Bett gehen und am nächsten Morgen ebenso ängstlich auf den kommenden Tag blicken. Meine Kommilitonen mussten nachlesen und lernen, was diese Kinder brauchen, wenn sie zu ihnen in die Beratung oder Therapie kommen würden oder das Jugendamt beschied, dass es nicht zu verantworten sei, sie weiter ihren biologischen Eltern anzuvertrauen. Ich wusste es und ich weiß beides. Nicht nur aus meinem Studium, sondern aus meiner eigenen Erfahrung. Ich weiß, was ich erlebt habe, und ich weiß, was ich damals gebraucht hätte und heute denen geben kann, die es so dringend benötigen.«

Der Kollege berichtete weiter, dass an dem Tag der Schlüsselübergabe für das neu renovierte Heim die regelmäßigen nächtlichen Albträume, in denen einige der schlimmeren Szenen seiner

Kindheit immer wiederkehrten, fast schlagartig aufgehört hatten. Die Wunden der Kindheit begannen zu heilen.

Wem und was verdankt dieser Kollege die Stärke, diese Kette des Leids zu sprengen und sich seinerseits an den Anfang einer neuen, wohlwollenden Kausalkette zu stellen? Wenn wir uns auf der Suche nach Antworten die biografischen Tatsachen dieses Menschen ansehen, werden wir nicht sonderlich fündig. Einzig der Großvater scheint seiner Rolle gerecht geworden zu sein – aber auf Nachfrage erfahren wir, dass er das Haus seiner psychisch kranken Tochter mied und die Enkelkinder scheinbar hauptsächlich zum Besuch des Gymnasiums animierte, weil es ihm andernfalls »peinlich« gewesen wäre, dass die Familie seiner Tochter ganz und gar aus »asozialen Versagern« bestand. Nein – in dieser Vergangenheit finden wir kaum positive Quellen, stattdessen aber zahlreiche und gewichtige Gründe und vermeintliche Ursachen dafür, weshalb dieser Kollege sich *nicht* um das Wohlergehen anderer kümmern und Verantwortung für sein eigenes Leben und das Leben seiner Leidensgenossen übernehmen würde.

Aber warum weit und lange suchen? Der Kollege hat ja selbst benannt, woher ihm die Kraft zugeflossen ist, diesen Weg zu gehen: Sein Verhalten war – entgegen der Prognosen des kausalen Ansatzes – nicht bestimmt von dem, was ihm in der Vergangenheit widerfahren war, sondern von der Verantwortung für das Zukünftige. Darin erkannte er die Verpflichtung: Das, was ihm gegeben wurde, darf er so nicht weitergeben. Es war die Sorge um die Zukunft seiner (noch gar nicht geborenen) Kinder und Kindeskinder, und daraus erwuchsen die Erwartung und das Versprechen an sich selbst, diesen kein unmittelbares und mittelbares Leid anzutun. Es war, mit einem Wort, die Ansprechbarkeit und die Verantwortung für das Schicksal anderer, die auch ihn selbst aus der Sogkraft des »natürlichen Verlaufs der Dinge« befreite und über sein erlebtes Leid hinauswachsen ließ. Die Rettung dieses Menschen war also wieder nicht die ausschließliche Beschäftigung mit sich selbst und dem, was er empfangen hatte, sondern das Sich-

Öffnen gegenüber der Tatsache, dass menschliches Leben nie und nimmer für sich selbst ist, sondern stets ein Wirkungsfeld entfaltet, in welches das Schicksal und Glück anderer Menschen hineingewoben ist.

Was Entscheidungen bewirken können

Die gesehenen und ungesehenen Folgen seiner Entscheidung sind aber umso bemerkenswerter, wenn wir sie in ihrer ganzen Tragweite durchleuchten. Dieser Kollege hat nicht nur die Weitergabe von Leid gebannt; er hat auf diesem Wege auch für sich selbst innere Aussöhnung und Kraft gefunden, auch wenn das gar nicht der Hauptgrund seiner Entscheidung gewesen sein mag. Das Heilsame, das seinen bisherigen Mangel an Positivem ausgleichen sollte, war ein Gutes in der Zukunft, das er selbst auszusenden entschlossen war. Er hat auch das eine oder andere in seinem Heim betreute Kind davor bewahrt, auf die durch seine Vergangenheit vermeintlich vorgezeichneten schiefen Bahnen zu geraten.

Wie sehr sich verantwortliche und sinnorientierte Entscheidungen jenseits einfacher Kausalität bewegen, diese sogar zu sprengen imstande sind, zeigt sich aber in Folgendem: Der Kollege hat mit seiner Entscheidung nicht nur Gegenwart und Zukunft verändert, sondern auch die Vergangenheit. Er hat nämlich *rückwirkend* der Lebensbilanz seiner Eltern und Brüder noch etwas abgerungen, das ohne ihn nicht, oder wenigstens nicht so und in dieser Form, Teil ihrer Lebensbilanz geworden wäre. In die Lebensbilanz seiner Eltern und Geschwister hätte nämlich, wenn alles mit rechten Dingen einfacher psychologischer Kausalität vor sich gegangen wäre, sich leicht und nahtlos einfügen können, dass sie ihren Jüngsten so sehr zum Opfer ihrer eigenen Probleme gemacht hatten, dass aus ihm »erwartungsgemäß nichts geworden« wäre, außer vielleicht selbst ein trinkender Ehemann und gewalttätiger Vater. Dieses Daran-schuldig-geworden-Sein hat er seinen

Eltern erspart und damit sogar noch *rückwirkend* die Möglichkeit eines weiteren Negativums aus der Bilanz der Eltern herausgerettet und verwandelt: Immerhin an seinen und den ihm anvertrauten Kindern sind sie nicht auch noch schuldig geworden – weil *er* sich entschieden hat, dem potenziellen Leid der erwähnten Kettenreaktion ein Ende zu bereiten und sich stattdessen an den Anfang einer positiven Kettenreaktion zu stellen. Wir sehen: Die Gegenwart ist der Verhandlungsort des Schicksals. Hier sind wir die Befragten; hier sind wir aktive Bündnispartner des Lebens – oder auch seine Gegner. Hier haben wir die Wahl und Verantwortung.

Nun soll und darf man diesen und vergleichbare Fälle nicht idealisieren. Am Beginn dieser Biografie steht nach wie vor mehr Leid und Lieblosigkeit, als viele, denen ein solches Schicksal erspart geblieben ist, sich vermutlich vorstellen können. Die Erinnerung an diese Erfahrung ist zugleich der absolut unverhandelbare Rest dessen, was ihn auch in Zukunft begleiten wird: die Erinnerung an eine leidgeprüfte Kindheit und Jugendzeit. Und dennoch sollten und müssen selbst in so einem schweren Fall menschlichen Leidens noch immer nicht Leid und Lieblosigkeit das letzte Wort haben: Welche Auswirkungen diese biografischen Tatsachen auf seine Gegenwart haben, war und ist noch nicht besiegelt, war und ist verhandelbar und diskutabel.

Die Gegenwart war und ist daher nicht nur der Ort des Bedingtseins, sondern auch der Ort der Freiheit des jungen Mannes. In der Gegenwart las er von der Möglichkeit des Schicksals, selbst einmal so zu enden, wie er um seiner Kinder willen keinesfalls enden wollte. Was ihn davor bewahrte, war wiederum nicht die Vergangenheit, sondern der Blick in die Zukunft und die Entscheidung in der Gegenwart, diese Zukunft heute in dieser Weise zu gestalten.

Wir sehen also wiederum: Wir verhandeln und entscheiden über die Auswirkungen unserer Vergangen- und Bedingtheit auf den noch unbeschriebenen Seiten der Gegenwart unserer Lebensgeschichte. Heute begegnen wir unserer Vergangenheit und heute liegt es an uns, zu entscheiden, welcher Art diese Begegnung sein soll. Soll es eine Begegnung im nicht enden wollenden Klagen, im Selbstmitleid, im Hass, im Groll, in einer verallgemeinernden Ablehnung der Welt sein, in einem Ablehnen also zugleich alles Guten, das vielleicht manches von dem Schlechten, das wir erfahren haben, ausgleichen und heilen will?

Zwar geschieht es fraglos leicht und wäre in einem Fall wie dem vorliegenden auch für viele verständlich, dass wir das Vertrauen in und die Hoffnung für eine Welt verlieren, die uns bisher viel Leid zugefügt hat. Aber dass etwas leicht ist, heißt nicht, dass es gut begründet, gerechtfertigt oder richtig ist oder wir aus der Verantwortung entlassen sind, dennoch zu versuchen, unser Bestes zu geben.

Denn nicht nur geht die Rechnung des Ab- und Ausreagierens schon psychologisch nicht auf – sie geht vor allem auch *existenziell* nicht auf. Wer sich aufgrund eines vergangenen Leids der Möglichkeit verschließt, dass noch ein volles Repertoire wertvoller, heilsamer und guter Erfahrungen und Taten auf ihn wartet, verschließt sich einer Wirklichkeit, die ja doch immer größer und vielfältiger ist als das bisher Erlebte. Mehr noch: Er verschließt sich nicht nur vor dem noch zu Erlebenden, sondern auch vor sich selbst als dem Erlebenden und Handelnden, der er sein könnte und sollte. Er nimmt sich und seinem Leben die Chance, Erlebnisse und Handlungen in seine Lebensbilanz einfließen zu lassen, die zu einem ausgewogeneren Verhältnis zwischen Erlittenem und Gutem und Heilsamem und Sinnvollem führen könnten. Er schafft sich, mit anderen Worten, Gewissheiten und richtet sich in diesen Gewissheiten ein – hier die Gewissheit, dass die Welt schlecht und ein feindseliger Ort sein muss, wenn sie ihm bisher so viel zumutete. Er schafft sich folglich eine Heimat just dort, wo sich kein Mensch Heimat wünscht: im Mangel und der Entmutigung.

Diese Vertrauenslosigkeit in das Gute, das noch auf einen wartet, ist leider zugleich recht verführerisch, zumal sie sich auch leicht selbst bestätigt: Wer nichts Gutes in sein Leben lässt, wer auch nichts Gutes von sich selbst erwartet, der wird auch gar nicht erst versuchen, es in die Welt zu setzen. Womöglich hat diese Gleichung auch eine psychologische Schutzfunktion: Wer ohnehin nichts Gutes vom Leben erwartet, kann vom Leben nicht weiter enttäuscht werden. Aber die Kosten dieser vermeintlichen Gewissheit und Sicherheit sind hoch – zu hoch, um noch in einem irgendwie zu rechtfertigenden Verhältnis zu diesem scheinbaren Gewinn an Sicherheit zu stehen. Denn wer sich vom Leben und sich selbst nichts Gutes mehr erwartet, der verschließt sich jeder Möglichkeit, dass die Bilanz seines Lebens einmal mehr Licht als Schatten aufweisen wird. Dafür muss man aber die Fenster und die Türen seines Lebensgebäudes offen halten und vor allem: nicht nur darauf warten, dass das Licht von außen eindringt, sondern den ersten Schritt tun und selbst ein Licht entzünden – und wenn nicht für sich, dann – wie der Kollege – für andere. Dass der Mensch das kann, bestätigt die klinische Erfahrung ebenso wie die psychologische Forschung und Fallbeispiele wie das hier zitierte. Und dass er es *soll*, darauf weist ihn vielleicht auch die Stimme seines Herzens oder Gewissens hin. Die Welt bleibt ja weiterhin bedürftig und wartet auf unseren Beitrag – und eigentlich sollte das niemand besser sehen können als derjenige, der schon Erfahrung hatte mit den brüchigen und tragischen Seiten des Daseins.

Dazu ein weiteres Beispiel: Als Viktor Frankl in den 1930er-Jahren als junger Arzt als Jugendberater in Wien tätig war, herrschte angesichts der Wirtschaftskrise eine hohe Jugendarbeitslosigkeit. Viele dieser jungen Arbeitslosen glitten ab in Depressivität, in Trunksucht, sinnlose Schlägereien – kurz: Ihr Alltag war geprägt von Sinnleere und in diesem Vakuum wucherten eben jene krisenhaften Erscheinungen, die wir bereits als Folge der provisorischen Daseinshaltung kennenlernten. Frankl prägte damals eine wichtige logotherapeutische Formel: Da, wo das Unabänderliche endet, fängt die Freiheit des Menschen an, nämlich die Freiheit, wie man auf das Unabänderliche reagiert. Als Berater oder Psychotherapeut konnte er die sozialen Umstände natürlich nicht unmittelbar ändern, aber: Die Nutzung der ungewollten Freizeit als Arbeitsloser, die war verhandelbar, hier konnte er an die Freiheit und Verantwortlichkeit der jugendlichen Arbeitslosen appellieren. Und tatsächlich: Einige haben angefangen, ihre ungewollte Freizeit zu nutzen. Der eine hat Englisch gelernt, ein anderer in der Suppenküche ausgeholfen, wieder ein anderer die Gräber vom jüdischen Friedhof gepflegt – und mit der sinnvollen Aufgabe gingen zumindest die psychologischen Folgen der Arbeitslosigkeit zurück:

> Mit knurrendem Magen arbeiten sie in irgendwelchen Organisationen, sind zum Beispiel als freiwillige Helfer in Büchereien tätig oder versehen Ordnerdienst in Volkshochschulen. Sie sind erfüllt von der Hingabe an eine Sache, an eine Idee, vielleicht gar an einen Kampf um bessere Zeiten, um eine neue Welt, die auch das Problem der Arbeitslosigkeit lösen würde. Ihre leider im Übermaß vorhandene Freizeit ist ausgefüllt von nützlicher Beschäftigung. Ich habe das Empfinden, dass man die junge Generation unterschätzt: hinsichtlich ihrer Leidensfähigkeit (man sehe sich manche trotz allem heitere Gesichter an) und hinsichtlich ihrer Leistungsfähigkeit.[38]

Diese jungen Arbeitslosen waren nach wie vor hungrig, hatten nach wie vor wirtschaftliche Not, aber die existenzielle Last der Gleichung: ›Arbeitslos sein heißt nutzlos sein und ein sinnloses Leben führen‹ war von ihren Schultern genommen. Sie blühten wieder auf, sie nahmen wieder am Leben teil, interessierten sich, engagierten sich. Wir sehen: Es gibt immer kleine oder große

38 Frankl, V. E. (1933). Wirtschaftskrise und Seelenleben vom Standpunkt des Jugendberaters. *Sozialärztliche Rundschau*. 4: 43–46.

Freiräume, in denen die unabänderlichen Rahmenbedingungen eben nicht mehr sind als der Rahmen, innerhalb dessen jeder sein Bild gestalten kann – mal größer, mal kleiner, aber immer als Ausdruck der einmaligen und einzigartigen Person. Voraussetzung ist aber, dass wir offen bleiben für das, was das Leben an sinnvollen Möglichkeiten auch dann verfügbar hält, wenn die Umstände alles in allem nicht ideal sind.

Man kann nun wieder einwenden, das sei in manchen Fällen sehr viel verlangt – und das mag zutreffen. Es geht an dieser Stelle allerdings auch weniger darum, wie leicht eine solche Wendung zum Guten aus dem Schlechten einem von der Hand geht oder nicht. Vielmehr geht es darum, dass sie überhaupt verlangbar ist und damit im Bereich des Möglichen. Wie die genannten und viele weitere ungenannte Beispiele zeigen, strahlt das Sinnvolle und Gute heilend in Bereiche hinein, die die Resignation oder Abkehr und auch das fortwährende Selbstmitleid – so verlockend es auch ist – nie erreichen wird.

Zum anderen muss man sich fragen, was denn die Alternative sein soll: Soll man dem erlebten Defizit oder dem uns versagten und doch erwünschten Guten erlauben, ein für alle Mal unser Erleben und Verhalten zu bestimmen? Genau um diese Entscheidung geht es hier – und um die vielen Möglichkeiten, die dieser Entscheidung in der Gegenwart zur Verfügung stehen.

Fassen wir bisher zusammen: Die Gegenwart ist ebenso offen wie die Möglichkeiten unseres zukünftigen Schicksals, über die wir heute mit uns selbst und unserem Gewissen ringen. Denn von der »Möglichkeit eines zukünftigen Schicksals« zu sprechen, bedeutet stets auch schon, nicht mehr vom unabänderlichen Schicksal zu sprechen, sondern vom bloß Möglichen und vom eigenen Beitrag der Person vor dem Hintergrund einer bestimmten schicksalhaften Situation. Vom Möglichen zu sprechen, bedeutet zugleich auch, nicht mehr nur auf das zu blicken, was wir gerade jetzt empfangen oder schon empfangen haben, oder was vom Leben zu empfangen wir erwarten oder beanspruchen, sondern vor allem auf das, was wir aussenden. Denn darauf kommt es an – nur das, was wir aussenden, ist im eigentlichsten Sinne das Unsrige. Hierüber können wir verfügen; hier ist der Ort der Freiheit und Eigen- und Mitverantwortung, hier ist auch der Ort, wo sich die oben angesprochene Freundschaft mit dem Leben entfalten kann.

Der Mythos der Abhängigkeit

Die abgerissene Kette, von der wir im Fallbeispiel des Psychologen und seiner schweren Vergangenheit sprachen, hat ein heutzutage weit verbreitetes Gegenbild: den Mythos der Abhängigkeit. Eines der auch von der Populärpsychologie nach wie vor in Umlauf gebrachten deterministischen Narrative lautet etwa, dass der Mensch nur in dem Maße zu lieben und Konstruktives und Gutes auszusenden in der Lage ist, wie er selbst Vergleichbares empfangen hat oder empfängt. Oder, dass der Mensch nur in dem Maße freundlich sein kann, wie er selbst freundlich behandelt wird, sich nur in dem Maße für andere einsetzen könne oder auf Gewalt verzichten, wie andere bereit sind, sich für ihn einzusetzen oder für ihn und sein Wohlergehen auf Gewalt zu verzichten. Und so weiter.

Etwas einfacher heruntergebrochen belebt auch dieses Modell wieder nur den Mythos, dass wir nur das aussenden und weiterreichen können, was wir selbst zuvor empfangen haben. Stünden dem nicht Beispiele wie der oben erwähnte Kollege entgegen, würde man vielleicht schon aufgrund der Hartnäckigkeit, mit der sich dieser Mythos hält, wirklich annehmen, die einfache Formel einer qualitativen Gleichförmigkeit von Eingabe und Ausgabe besiegele unser Schicksal und Handeln.

Dabei steht es wohl außerfrage, dass es den meisten von uns tatsächlich wesentlich leichter fällt, freundlich zu jemandem zu sein, der sich uns gegenüber freundlich verhält. Es ist von hier aus aber ein weiter und psychologisch unhaltbarer Gedankensprung, daraufhin die Schlussfolgerung zu ziehen, unser Handeln sei und müsse generell und immer nur eine Funktion der vorausgegangenen, empfangenen Stimuli sein. Ein solches Modell scheint implizit vorauszusetzen, dass die Stoßmechanik der Physik der Dinge übergangslos auf die Psychologie des Menschen anzuwenden und diese nur unter diesem Gesichtspunkt ein annäherndes – und meist recht nüchternes – Abbild der menschlichen Wirklichkeit zu liefern imstande sei. Alles, was diesem Determinismus nicht entspricht, wird dann als »Einzelfall« ausgewiesen; als ob die Wirklichkeit des Menschen aus mehr als nur individuellen Einzelfällen bestünde und als ob nicht gerade vom Heroischen und der guten Ausnahme der Appell ausginge, sich daran ein Vorbild zu nehmen.

Das Problem ist auch hier wieder: Wenn wir wertvolle Vorbilder als heroische Einzelfälle aus unserer eigenen Wirklichkeit verbannen, unterschätzen wir nicht nur, wessen der Mensch fähig wäre, wenn er es sich nur zutrauen würde. Wir untergraben auch seine Bereitschaft, zumindest zu versuchen, von seiner Freiheit Gebrauch zu machen und über das bloße gleichförmige Reagieren auf Außenbedingungen und über sich selbst hinauszuwachsen. Eine solche deterministische Indoktrination mag folglich oft gut gemeint sein und soll vielleicht das eine oder andere Mal auch verdiente oder unverdiente seelische Entlastung von überwertigen Schuldgefühlen und Selbstanklagen bieten, aber auch das macht ihren Gehalt nicht wahrer und ihre langfristigen Wirkungen keineswegs besser.

Es liegt auf der Hand, warum: Wenn wir dem Menschen nur oft genug eintrichtern, dass er ohnehin nicht anders kann, heben wir natürlich auch die Wahrscheinlichkeit, dass er es gar nicht erst versuchen wird. Und jene, die es doch tun, werden für immer einige wenige Einzelfälle bleiben. Das Problem ist dann aber nicht, *dass* es Einzelfälle oder wenige sind; das Problem ist vielmehr, dass wir dazu beigetragen haben, dass es so *wenige* Einzelfälle sind. In solchen Fällen gilt: Psychologie beschreibt nicht nur, sie bestärkt auch bestimmte Erlebnis- und Verhaltensweisen, die unter dem Blick bestimmter Theorien folgerichtig und *notwendig* erscheinen, in Wirklichkeit aber noch weitaus verhandelbarer sind, als unsere Theorie es sich und ihren Anhängern »erlaubt«.

Von der eigenartigen Ökonomie der Liebe

Die Lehre, wir könnten nur geben, was wir zuvor empfangen haben, verdankt sich im Wesentlichen einer grundsätzlich fragwürdigen Mechanisierung der Person. Sie übersieht somit in ganz grundlegender Weise das Außernatürliche und den Eigenbeitrag bewusster, personaler Existenz. Sie verfehlt auch den Idealismus als exklusiv menschliches Phänomen und mit ihm die Bereitschaft, über das hinauszuwachsen, was uns begrenzt – und die Fähigkeit, wenn notwendig, auch über unseren eigenen Schatten springen zu können.

Diese Mechanisierung der Person nimmt sich die unbelebte Natur als Vorbild und findet dort tatsächlich selten mehr als Kettenreaktionen: Input führt zu Output. Schon die Erhaltungsgesetze der Physik sagen uns, dass das Output prinzipiell nicht höher sein kann als das Input und der Prozess selbst daher selten Überraschungen bereithält, sobald wir seine Ausgangs- und Rahmenbedingungen nur hinreichend kennen. Das gilt überall. Kräfte werden von Objekten weiter- und abgegeben oder freigesetzt, aber nicht erzeugt. Aus diesem Grunde ist auch die Herstellung eines *perpetuum mobile* nicht möglich: Die Konstruktion einer Maschine, die Energie produziert und nicht bloß vorhandene, bzw. zuvor empfangene Energie weitergibt oder umwandelt, würde dem zweiten Hauptsatz der Thermodynamik widersprechen – eine solche Maschine ist damit physikalisch de facto auszuschließen.

Unsere Alltagserfahrung bestätigt dies in noch einfacherer und direkterer Weise: *Physikalische* Ressourcen gleich welcher Art sind tatsächlich begrenzt und endlich; wir können von ihnen nur gerade so viel geben oder verbrauchen, wie wir selbst zur Verfügung haben. Irgendwann, früher oder später, werden unsere Ressourcen erschöpft sein. Wenn wir unser Vermögen mit Bedürftigen teilen, wird sich dieses Vermögen um eben jenen Anteil, mit dem wir anderen geholfen haben, verkleinert haben. Dasselbe gilt für Essen, Wasser und Kleider: Von diesen und allen anderen physikalischen Ressourcen können wir nur so viel und nie mehr geben, als wir davor empfangen haben – und das ist immer begrenzt viel oder wenig. In diesem Bereich hat die Formel: »Der Input kann nicht größer sein als der Output« also volle Gültigkeit.

Die Stichhaltigkeit dieser Formel bricht aber dort in sich zusammen, wo es um Personen und die wirklich tragenden Dinge des Lebens geht: etwa Liebe, Freundschaft, Zuwendung, Ermutigung, Aufmerksamkeit, Begeisterung, Lebensfreude, Interesse und Trost.

Wenn wir mit einer Person befreundet sind, nimmt unser Reservoir an Freundlichkeit oder Freundschaftsfähigkeit ja offenkundig nicht in irgendeiner Weise ab; und wenn wir eine Person liebevoll ins Herz geschlossen haben, reduziert sich die uns verfügbare Menge an Liebe und Zuwendung nicht im selben Maße. Die Ökonomie der Liebe, der Ermutigung, der Aufmerksamkeit, des Interesses, des Mitgefühls und des Trostes folgt also scheinbar ganz eigenen, nicht-physikalischen Gesetzmäßigkeiten. Hier gilt mit einem Mal nicht mehr: Je mehr wir davon geben, desto weniger haben wir davon zur Verfügung; sondern: Je mehr wir davon teilen, desto reicher füllt sich das Reservoir, aus dem wir schöpfen können, und desto mehr haben wir davon zur Verfügung.

Einen Menschen lieben – vom konkreten Versprechen der ungeteilten partnerschaftlichen Liebe einmal abgesehen – heißt daher nicht, andere Menschen daraufhin nicht mehr oder nicht mehr so lieben zu können, oder nur noch eine durch eine irgendwie vorab aufgrund meiner verfügbaren Liebesmenge festgelegte Anzahl an Menschen minus dem einen, den ich bereits liebe. Dieser Zusammenhang findet sich nicht nur bei Empfindungen, sondern auch bei Tätigkeiten, die sich ihrem Wesen nach dadurch auszeichnen, dass wir etwas geben: Einen Menschen getröstet oder ermutigt zu haben, bedeutet nicht, dass uns die Worte des Trostes oder der Ermutigung irgendwann ausgehen für den Nächsten, der Trost oder Ermutigung bedarf.

So vielgestaltig und robust ist dieses ungewöhnliche Phänomen, dass es nicht einmal von dem Objekt unserer Wertschätzung abhängt: Es können Menschen sein, aber auch Tiere, Dinge, Kunstwerke, Musikstücke, Gegenden und Länder, sogar Ideen – und damit auch Dinge oder Wesen, die diese Liebe oder Zuwendung nicht zurückgeben oder personal erwidern können. Auch das weist darauf hin, dass die großzügige Ökonomie der Liebe das klassische Ressourcenmodell im Kern der Person aus den Angeln hebt. Sofern die Person im Spiel ist, gilt folglich nicht mehr das klassisch-physikalische Kreislaufmodell aus Geben und Nehmen, sondern vielmehr ein Mechanismus (so unpassend das Wort hier eigentlich ist), der auf geistiger Ebene genau diejenigen Gesetzmäßigkeiten in Anspruch nimmt, die unter physikalischen und biologischen Gesichtspunkten das *perpetuum mobile* zum *unmöglichen Objekt* machen: das messbare oder beobachtbare Aussenden von Kraft, die nicht zuvor im selben Maße empfangen wurde. Der Mensch ist allem Anschein nach aufgrund seiner Geistigkeit immer schon viel mehr als ein Objekt: Er ist ein *unbedingtes Subjekt*. Er kann sich reicher machen, indem er gibt – genau genommen sind die Lebensbereiche, die den eigentlichen Reichtum einer Person ausmachen, eben jene, in denen sein Reichtum durch das Geben, und nicht durch Nehmen, ins nahezu Unbegrenzte wachsen kann. Und er kann verarmen, indem er das, was er geben könnte, bei und für sich behält und mit seinen existenziellen Ressourcen geizt.

Worauf es hier wesentlich ankommt, ist also nicht das, was und wie viel wir empfangen haben und nur dann auch in dieser vorbestimmten Menge weiterzugeben in der Lage sind, sondern vielmehr unsere Bereitschaft, daraus frei zu schöpfen und in die Welt auszusenden. Diese Ressourcen sind frei verfügbar in dem Maße, in denen wir sie zu verwirklichen und zu teilen bereit sind.

Diesem Phänomen ist vonseiten der wissenschaftlichen Psychologie interessanterweise bislang kaum systematisch nachgegangen worden, dabei verdiente es eigentlich – schon aufgrund seines radikalen Bruchs mit ansonsten universell gültig geglaubten herkömmlichen Ressourcenmodellen – unsere Aufmerksamkeit. Einerseits deswegen, weil sich hier scheinbar vor aller Augen ein ganz alltäglicher Gegenbefund zum naturalistischen Mechanizismus der menschlichen Person entfaltet. Andererseits aber auch deswegen, weil die klinische und therapeutische Relevanz dieses Befundes gar nicht genug geschätzt und gewürdigt werden kann. Wie vielen Menschen wurde denn bisher eingeredet, sie könnten nicht lieben, weil sie nie oder zu wenig Liebe empfangen haben? Wie viele populärpsychologische Bestseller raten ihren Lesern, doch zuerst an sich zu denken und an das, was sie bekommen, und weniger an das, was sie aussenden können? Gerade mit diesem Rat schneiden sie die Menschen von Ressourcen ab, die sich im Geben und nicht im Erwarten und Nehmen erschließen lassen. Und um wie viel ärmer an Wohlwollen ist unsere gerade an Wohlwollen bedürftige Welt, weil wir es versäumen, Gutes in die Welt zu setzen, das wir vorher *nicht* empfangen haben? Sie könnte ungleich viel reicher sein. Um wie viel ärmer ist auch unsere eigene Lebensgeschichte, weil wir bislang glaubten, es könne nur so viel Liebe, Freundschaft und Großzügigkeit in ihre einzelnen Kapitel geschrieben werden, wie wir zuvor bekommen haben?

Bevor wir uns das näher ansehen, gilt es, als vorläufige Erkenntnisbilanz drei Dinge für die weitere Diskussion festzuhalten. Erstens: Der Mensch ist in der Lage, sich über die Angewiesenheit auf das, was er empfangen hat, zu erheben und zu befreien. Zweitens – indem er dies tut, bereichert er nicht nur andere, sondern auch sich selbst. Es wirkt heilend und heilsam auf ihn und andere zurück – wie heilsam, zeigt etwa das oben genannte Beispiel des Kollegen, der erfahrene Lieblosigkeit aus Sorge um sich und andere in beispiellose Fürsorge verwandelte und damit Heilung und Ermutigung in die Welt setzte, wo unter rein mechanistischen Annahmen alle Vorzeichen auf eine durchwegs unheilsame und unheilvolle Entwicklung gezeigt hätten. Drittens: Der unter physikalischen Gesichtspunkten auszuschließende »Zufluss von einer Kraft außerhalb des beschriebenen physikalischen Universums« ist, sobald die Person im Spiel und sich etwas anderem als sich selbst und ihren bloßen Eigeninteressen zuzuwenden bereit ist, nicht nur irgendwie möglich – er ist sogar die Regel.

In der Zuwendung zu etwas oder jemandem, und nur dort, wird also allem Anschein nach der einfache Determinismus, der andernorts in der Natur universell zu gelten scheint, grundlegend ausgehebelt. Zuwendung zum anderen befreit das Ich aus der Enge der Subjektivität und führt es zurück zu seiner ihm zugedachten Freiheit. Wir werden später in einem etwas anderen Zusammenhang noch einmal auf diesen Befund zurückkommen – denn er zieht sich wie ein roter Faden durch unsere Expedition auf der Suche nach Wegen zur Überwindung der Gleichgültigkeit.

Vielleicht verstehen wir nicht, wie und auf welche Weise das möglich ist; aber es gibt Schlimmeres, als sich und die Welt dadurch zu überraschen, dass manches besser und großzügiger geordnet ist, als wir ursprünglich anzunehmen bereit gewesen sind.

Es gibt also ein grundmenschliches Phänomen, tagtäglich bedingungslos verfügbar, das im Grunde nur Gewinner kennt: Derjenige, der es frei vergibt und teilt, wird reicher daran in dem Maße, in dem er es frei vergibt und austeilt. Der Empfänger oder das Objekt unserer Zuwendung macht in einer bisweilen lieblosen Welt die wertvolle Erfahrung, das Geschenk der Zuwendung, Freundschaft, Liebe, des Trostes oder der Ermutigung ohne jede Gegen- oder Vorleistung zu empfangen. Und Dritte, die bloß

Zuschauer und Zeugen dieses Vorganges sind, haben Gelegenheit, sich ein Vorbild daran zu nehmen und selbst in diesen Strom des Teilens einzutreten, es also den Beobachteten gleichzutun.

Solche Vorbilder und die Ermutigung dazu braucht es, denn gerade weil dieses Phänomen erstens dem Zeitgeist und zweitens auch allen bekannten und beobachtbaren physikalischen Kräfterelationen zu widersprechen scheint, wird man es theoretisch nicht gut erschließen und herleiten können. Vielleicht haben wir es auch verlernt oder uns noch nie recht getraut, es zumindest für möglich zu halten, dass bestimmte geistig-existenzielle Zusammenhänge der Welt viel wohlwollender, freundlicher, lebens- und sinnbejahender sind, als man dem ersten Augenschein nach annehmen will. Man kann es auch anders sagen: Die Welt, die Existenz, und vor allem der Mensch, ist immer wieder für unerwartete Wendungen gut – aber die Verwirklichung dieser unerwarteten Wendungen ist nicht zuletzt davon abhängig, dass wir bereit sind, über den Tellerrand des Gewohnten hinauszublicken und uns von uns selbst und der Welt überraschen zu lassen. Dafür braucht es nicht mehr als ein wenig Offenheit und auch ein gewisses Maß an Grundvertrauen, das in die Vermessung der Welt nicht nur die Dinge einberechnet, wie sie sind, sondern auch dem Gewicht beimisst, was sein könnte und sein sollte. Anders gesagt: Wenn wir eine Landkarte der Welt zeichnen, zählen nicht allein die Koordinaten der bereits erkundeten Territorien, sondern auch jene großen Bereiche, die es noch zu entdecken und fruchtbar zu machen gilt.

Mitten in der Freiheit Verantwortung

Die Hoffnung und den anderen im Blick bewahren, weil es vernünftig ist

Diese Offenheit hat auch einen in der aktuellen Debatte über das Menschenbild und die Wertekrise der Postmoderne bezeichnenderweise immer seltener zu hörenden Namen: Hoffnung. Gemeint ist damit das Hoffen auf ein sinnvolles Gelingen menschlichen Daseins und Zusammenlebens im Allgemeinen, bei dem der Einzelne nicht nur die Erfüllung eigener Bedürfnisse im Blick hat. Interessanterweise zeigt sich hier: Wenn wir bereit sind, Hoffnung nicht nur für uns selbst in Anspruch zu nehmen – als Anspruchshaltung mit Blick auf die Erfüllung unserer eigenen Wünsche, Träume und Ziele –, sondern auch auf das Gesamte der Welt, oder zumindest unserer unmittelbaren Umwelt, auszudehnen, stellt sich oft wie von allein ein Gefühl der Lebendigkeit ein. Dieses Gefühl gibt zugleich Hinweis darauf, dass ein solcher offener und ansprechbarer Zugang zur Welt eigentlich im Menschen angelegt ist. Einfacher formuliert: Es tut dem Menschen anscheinend sehr gut, Idealist zu sein. Denn dieses Gefühl der Lebendigkeit sagt ihm, dass es natürlich und für ihn stimmig ist, nicht nur damit befasst zu sein, ob und wie es ihm gut ergeht, sondern auch damit, wozu er gut ist – wo sein persönlicher Bewährungs- und Aufgabenbereich an diesem Tag und diesem Ort ist.

Das Gefühl der Lebendigkeit, das sich einstellt, ist dabei zugleich viel mehr als nur ein einfaches Gefühl – die Sprache versagt uns hier eine bessere Differenzierung. Denn es teilt uns auch existenziell mit, dass wir wieder Anschluss an das Leben in seiner ganzen Fülle an Möglichkeiten gefunden haben, dass wir wieder in Frage gekommen, dass wir da angekommen sind, wo Leben wirklich stattfindet: im Zusammenwirken und -spiel der Kräfte, und nicht in der Isolation, in die uns eine egozentrische Sicht auf das Leben andernfalls einzumauern drohen würde. Wenn wir uns auf ein solches Zusammenwirken und -spiel der Kräfte einstimmen, wenn wir bereit sind, unsere eigenen Kräfte mit denen anderer zu bündeln, stellt sich zudem vielleicht *erstmals* so etwas wie ein Gleichgewicht unserer Stärken und Schwächen ein. Damit ist zwar noch nicht die Gerechtigkeit erreicht, auf die zu hoffen wir dennoch nicht aufgeben sollten – aber immerhin ein wenig mehr Gleichgewicht, als vorzufinden wäre, wenn wir uns nicht mitsamt allen unseren Stärken und Schwächen auf das Leben einließen.

Es liegt auf der Hand, weshalb – die hier beschriebenen Zusammenhänge sind ja durchaus nicht besonders komplex: Wenn wir unsere Fähigkeiten und Stärken mit anderen teilen und in den Dienst des Lebens stellen, dann finden diese Stärken und Fähigkeiten ihren bestmöglichen Bestimmungsort: Sie wenden sich den Bereichen der Welt zu, die auf eben diesen Beitrag warten; dort bereichern sie einen derzeit womöglich um diesen Beitrag verkümmerten Bereich der Welt. Und unsere Schwächen sind ebenfalls gut aufgehoben – denn sie bieten einem anderen, der sich vielleicht gerade dort erfolgreich bewähren kann, wo wir auf seine Hilfe und Unterstützung angewiesen sind, einen Ort und eine Gelegenheit, an dem er *seine* Fähigkeiten zur Geltung bringen kann. So wird unsere Schwäche eine Gelegenheit für den anderen, das Beste aus sich herauszuholen: nämlich nicht nur, über bestimmte Fähigkeiten zu verfügen, sondern sich für etwas oder jemanden einzusetzen, das oder der nicht wieder er selbst ist. Seine Schwächen bieten uns wiederum Gelegenheit, ihm in anderen Lebensbereichen unter die Arme zu greifen.

Auch das ist ein Sachverhalt, der sich uns schnell erschließt: Kein Mensch ist eine Insel und unsere Stärken und Schwächen scheinen bisweilen so verteilt zu sein, dass sie einander ergänzen.

Sie müssen dann tatsächlich nicht nur Stärken und Schwächen des Einzelnen bleiben, sondern werden zu einem Ineinandergefügtsein unterschiedlicher Eigenschaften, die erst im gemeinsamen Vollzug ganz sind. Einfacher gesagt: Der Blinde kann den Lahmen tragen und der Lahme den Blinden weisen. Beide bezeugen damit ungleich viel mehr als nur die Fähigkeit des Menschen, bestimmte Schwächen zu kompensieren. Sie zeigen ein weiteres Mal, dass mit der Person ein Phänomen in die Welt tritt, in dessen Hand sogar die Schwäche noch Zeugnis von Stärke werden kann.

Es ist bezeichnend, dass ein Großteil des harmonischen Gefüges der Natur auf dem Prinzip einer vergleichbaren gegenseitigen Ergänzung und Kooperation beruht. Ausgerechnet der Mensch, der zudem noch über die Fähigkeit der sprachlichen Kommunikation und einer im Verhältnis zur übrigen Natur vergleichsweise freien Intelligenz verfügt, hat diese einfachen Zusammenhänge jedoch vielfach aus den Augen verloren und sich stattdessen Lebensmodelle angeeignet, die im Grunde dauerhaft keine Gewinner kennen, weil sie das »gegeneinander« oder »nur für mich« als naturgegeben annehmen – Lebensmodelle also, die ihn zugleich von der Ökonomie der Liebe abschneiden.

Hier sieht man ein weiteres Mal, weshalb die oft in der Populärliteratur verbreiteten Rezepte so wenig tragfähig sind. Man liest und hört etwa oft, man solle, damit es einem gut ergehe, endlich beginnen, an sich selbst zu denken und nicht an andere. Man solle beginnen, aus dem Vollen des Lebens zu schöpfen, indem man in erster Linie und vor allem für sich schöpft, primär und vor allem an das eigene Wohlergehen denkt.

Die bedeutende österreichische klinische Psychologin und Psychotherapeutin Elisabeth Lukas hat in einer hellsichtigen Analyse vorgeschlagen, dass dieser Rat in früheren Zeiten womöglich durchaus wichtig, angebracht und hilfreich war[39] – Psychologie und Lebenshilfe sollen ja nicht zuletzt vorherrschende hinderliche Lebenshaltungen korrigieren und es mag sein, dass hierzu in früheren Zeiten auch eine einseitige und übertriebene Aufopferungstendenz zählte, der mit der Ermunterung, sich nicht ganz selbst zu vergessen, gegenzusteuern war. Aber dem heutigen Zeitgeist steuert man mit dem Aufruf, mehr an sich selbst zu denken, beim besten Willen nicht mehr entgegen – man fördert vielmehr die ohnehin weitverbreitete einseitige und übertriebene Tendenz, die eigenen Bedürfnisse auf Kosten der Anliegen anderer durchzusetzen. So wohlgemeint und hilfreich solche Ratschläge über »die Kunst, ein Egoist zu sein« also ursprünglich einmal gewesen sein mögen, so wenig helfen sie in einer Zeit der ohnehin um sich greifenden Egozentrierung. Vor allem aber: Sie beruhen auf einer mit Blick auf die Person und ihre existenziellen Zusammenhänge unzulässigen Anwendung physikalischer Kräftegleichungen auf geistige Phänomene. Sie blenden erstens die viel wohlwollendere, kooperative Ordnung und Großzügigkeit des Lebens aus und sie bringen zweitens auf existenzieller Ebene das eigentlich Menschliche des Menschen zum Verkümmern: seine Fähigkeit, nicht nur sich, sondern auch andere und anderes zu sehen, sich ihm zuzuwenden, zu widmen und zu geben, auch wenn kein triebhaftes oder biologisches Diktat ihm dies vorschreibt. Mit anderen Worten: Solche Lebensmodelle verkennen das Wesen der Dinge und die Natur des Menschen ebenso wie die Bedürftigkeit der Welt – ihr fortwährendes Angebot an uns, sinnvolle Aufgaben zu übernehmen, die ohne unser Zutun nie Wirklichkeit würden. Wenn wir aber ein Wesen oder das Wesenhafte der Dinge verkennen, werden auch die daraus abgeleiteten Gebrauchsanweisungen des Lebens in der Regel immer nur Stückwerk oder schlicht-

39 Lukas, E. (2006). *Auf dass es Dir wohl ergehe. Lebenskunst fürs ganze Jahr*. München: Kösel, S. 13.

weg unbrauchbar sein. Und mit Blick auf den Ratschlag, auf die Zuwendung anderer zu warten, sie womöglich auch zu erwarten, zu beanspruchen, vielleicht sogar zu erzwingen, weil das für uns und unser Wohlergehen »gut ist«, muss man sagen: Es ist *nicht* gut – weder für uns noch für die anderen, denn es trennt uns von eben jenen Ressourcen, von denen wir eben feststellten, dass sie für uns ohnehin nahezu jederzeit und vorbehaltlos zur Verfügung stehen – aber nur in eben jenem Maße, in dem wir sie frei zu teilen bereit sind.

Das schafft Mangel, wo eigentlich kein Mangel nötig wäre. Denn wenn alle auf den Einsatz und die Zuneigung, Freundschaft und Ermutigung des anderen warten, warten sie alle absehbar lange, sofern nicht einer beginnt, entgegen allen Erwartungshaltungen und als berechtigt geglaubten Ansprüchen über seinen Schatten zu springen und Interesse und Großzügigkeit walten zu lassen, wo ansonsten nur großes und meist auch ziemlich vorwurfsvolles Schweigen herrscht. Was hier demnach nottäte, wäre einer, der bereit ist, das Warten auf den anderen zu beenden und in Vorleistung zu treten. Den Einwand, man könne aber nicht in Vorleistung treten, wenn man nicht zuvor Leistung empfangen habe, können wir nun getrost in den Bereich der psychologischen Mythen verabschieden. Das ist eine Freiheit mehr: Wir können jederzeit beginnen, sie wahrzunehmen. Warum nicht gleich?

Die unerlebte Fröhlichkeit des Alltags

Sosehr das eben beschriebene existenzielle Ressourcenmodell uns ermutigen kann – im Grunde ist es eigentlich etwas beschämend, wenn man den Menschen in der Wohlstandsgesellschaft erst anspornen muss, den großzügigen ersten Schritt zu tun und, um ihn zu ermutigen, ihm zuvor versichern muss, dass er dafür ohnedies reichlich durch den dann frei verfügbaren Zufluss von Kräften und Ressourcen versorgt sein wird. Implizit gehen wir dabei ja anscheinend davon aus, dass die meisten von uns so wenig Vorschuss erhalten haben, dass es nun an ihnen liegt, den ersten mutigen und großzügigen Schritt zu tun – über ihren Schatten zu springen – und sich an den Anfang einer gütigen Kausalkette zu stellen, weil sie nicht schon längst selbst Empfänger unzähliger Wohltaten waren.

Dabei sagen die sprechstündlichen Befunde aus der psychotherapeutischen Beratung etwas ganz anderes: Hier zeigt sich nämlich, dass die meisten Menschen, die behaupten, sie hätten nichts oder zu wenig empfangen, das sie weitergeben könnten, einem grundlegenden Irrtum erliegen: nicht nur über ihr Leben, sondern auch über sich selbst.

Man kann das im Patientengespräch immer wieder erleben: Der Patient klagt, nichts sei gut in seinem Leben. Bei näherem Nachfragen zeigt sich dann: Das meiste ist gut, er hat bloß nicht auf das viele geachtet, das in seinem Leben gelingt und seinen Alltag bereichert. Das Gute, das in seinem Leben steht, ist zum Opfer seiner Anspruchshaltung geworden, und so glaubt und fühlt er sich ärmer, als er tatsächlich ist. Er hat z.B. gesunde Kinder, eine sichere Arbeitsstelle, ein Dach über dem Kopf, er ist körperlich gesund – nur hin und wieder erlebt er Angst oder andere kleinere Verunsicherungen. Befragt, ob er nicht auch Gründe hätte, sich an seinem Leben zu freuen, fällt er in nachdenkliches Schweigen und gesteht nach einer Weile ein: Ja, es stimmt schon; es ist nicht *alles* im Argen und das meiste ist sogar recht erfreulich – genau genommen sind es »nur« seine gelegentlichen Verstimmungen oder Ängste, die er gern überwinden möchte. Man beobachtet das immer wieder: Vor allem psychisch labile Menschen neigen dazu, gleich *alles* infrage zu stellen oder zu entwerten, weil *manches* – und manchmal nur eine Kleinigkeit – in ihrem Leben nicht stimmt. Man fragt sich dann bisweilen, ob diese Menschen womöglich genau deswegen vergleichsweise psychisch labil sind, weil sie mit ihrer Anspruchshaltung, es müsse alles gut sein oder gar nichts sei gut, das falsche Pferd aufgesattelt haben und sich nun in die Irre führen lassen – oder ob sie die Anspruchshaltung entwickelten, weil sie vergleichsweise leichter zu verunsichern sind und daher relativ geringfügige Probleme als überwältigend groß erleben.

Aber nicht nur labile Menschen, sondern die meisten von uns haben die Tendenz, das Gute in ihrem Leben als nahezu oder ganz selbstverständlich hinzunehmen und zugleich das Störende oder unerfüllte Wünsche ungleich viel greller auszuleuchten. Oft sind es dann erst die Einbrüche oder Erschütterungen, die den Blick freigeben auf das Dankenswerte, das wir als selbstverständliches Anrecht hingenommen haben. Diese Einbrüche führen uns vor Augen: Wenig sollte einen aufmerksamer aufhorchen lassen als das, was wir als das Selbstverständliche hinnehmen – oft ist es alles andere als selbstverständlich, sondern bloß das Vertraute, in diesem Fall das vertraute Gute, dem wir nie die Anerkennung und Dankbarkeit gegeben haben, die es eigentlich verdient hätte. Viktor Frankl hat in diesem Zusammenhang eine auf den ersten Blick überraschende Definition von Glück vorgenommen: »Glück ist, was einem erspart bleibt.«[40]

Spielen wir das einmal durch: Jeder, dem sein Arzt vielleicht bei einer Routineuntersuchung überraschend eröffnete, dieser oder jener Befund gefalle ihm nicht, dem müsse man weiter nachgehen, ob sich dahinter nichts Schlimmeres verberge, und der dann den Heimweg antritt, kennt vermutlich die Verwandlung der Welt, die eintritt, sobald diese Welt bedroht ist. Sie ist mit einem Mal infrage gestellt. In der Straßenbahn auf dem Heimweg beobachtet man die freie Sorglosigkeit anderer, die man auf dem Hinweg noch mit ihnen teilte, ohne sie vielleicht je bewusst wahrgenommen oder gewürdigt zu haben. Sie sind gesund, und von sich selbst weiß man es nicht mehr. Man schaut dem kleinen Treiben des

40 Frankl, Viktor E. (2005). … *trotzdem Ja zum Leben sagen*. München: dtv, S. 97.

Alltags auf der Einkaufsstraße zu und denkt sich: Diese Menschen haben etwas, was ich eben verloren habe: Sorglosigkeit. Diese Sorglosigkeit hätte ich auch gerne wieder. Eine Patientin formulierte es einmal sehr treffend: Sie sprach von der »unerlebten Fröhlichkeit« der Menschen im Alltag, die gar nicht mehr merken, wie glücklich sie eigentlich durch die Einkaufsstraßen flanieren.

Dem Menschen, der sich in dieser existenziell fragilen Situation befindet, wird mit einem Schlag bewusst, was für ein Luxus es beispielsweise ist, am Schaufenster der Buchhandlung stehen zu bleiben, sich einige der neuen Buchtitel anzusehen, die er lesen könnte; auf einmal wird ihm klar, wie interessant und reichhaltig und sorgenfrei sein Leben die meiste Zeit gewesen ist. Vielleicht beschleicht ihn ein Gefühl des Neides über die ungenossene Unbeschwertheit der anderen, und mit diesem Gedanken wird ihm klar, wie dankbar er selbst für das scheinbar belanglose, »selbstverständliche« Alltagsglück hätte sein können. Jetzt zeigt sich, dass es weder belanglos noch selbstverständlich war: »Glück ist, was einem erspart bleibt.«

Was hier gespielt wird, ist unter psychologischen Gesichtspunkten leicht erklärt, und es lohnt sich, sich das genauer anzusehen, um der Falle der unerlebten Fröhlichkeit entgehen zu können. Wie kommt es also, dass es uns so leicht passiert, das Gute, welches wir empfangen haben, zu übersehen, und wir unsere eigenen unerfüllt geglaubten Bedürfnisse in den Mittelpunkt unseres Erlebens stellen und sie schließlich zum Maßstab der Einschätzung der Gelungenheit unseres Lebens machen?

Hier wirkt ein ebenso sinnvoller, wie leider auch psychologisch potenziell verheerender Mechanismus. Denn es ist natürlich adaptiv, dass unser Organismus unsere Aufmerksamkeit auf jene Vorgänge und Empfindungen zieht, die in irgendeiner Weise Mangel oder Dysfunktionalität signalisieren. Schmerzen, Hunger und Durst, Unwohlbefinden, Müdigkeit – all dies sind Indikatoren; sie weisen uns auf einen Mangel hin und legen uns nahe, etwas gegen diesen Mangel zu unternehmen. So adaptiv dieser Mechanismus ist, so verhängnisvoll wirkt er sich auf unsere Fähigkeit aus, das Gelungene und Unproblematische unseres Lebens zu erkennen und wertzuschätzen. Es wird belanglos – und rein biologisch betrachtet ist es das sogar wirklich: Das Gelungene und Funktionierende verlangt uns tatsächlich nichts ab, weil es ja allem Anschein nach ohnehin recht gut funktioniert.[41]

Derselbe Mechanismus, der dem biologischen Überleben dient, kann daher das Problem der unerlebten Fröhlichkeit nach sich ziehen: Wir bemerken die Freude und das Gelingen des Alltags oft gar nicht mehr, und daher werden alle Bereiche unseres Daseins, in denen es *keine* Probleme gibt, bald relativ uninteressant. Das gilt insbesondere, wenn wir als Kinder der Wohlstands- und Konsumgesellschaft unsere Aufmerksamkeit ohnedies gewohnheitsmäßig auf unsere eigenen Bedürfnisse lenken. Die unproblematischen Bereiche verlangen nicht nach uns und früher oder später werden sie als selbstverständlich hin-, vielleicht sogar kaum mehr bewusst wahrgenommen. Auch, wenn es uns gelungen ist, einen Mangelzustand auszugleichen, währt das Gefühl der Erfüllung und Dankbarkeit, dass dieser Mangel behoben ist, meist nicht sonderlich lange; es ist ja eigentlich bloß der Normalzustand wieder eingetreten und der Mangel überwunden. Oft ist es daher erst die existenzielle Bedrohung dessen, was man hat, die einem wieder in Erinnerung führt, was und wie viel man davon hat oder hatte.

Patienten erzählen in der Tat einhellig, dass sie in solchen Situationen nicht mit exotischen Wunschträumen, etwa von Reisen in fremde Länder oder anderen Luxusgütern, an das Leben herantreten, nein: Sie wollen bloß ihren Alltag zurück und sind oft erst jetzt, da dieser Alltag gefährdet ist, in der Lage, das zu sagen, was ihnen im Alltag meist gar nicht eingefallen wäre:

41 Lukas, E. (2008). *Den ersten Schritt tun.* München: Kösel, S. 44ff.

»Es ist eben nichts selbstverständlich. Was hatte ich bis jetzt für Glück.« Frankls Diktum, Glück sei das, was einem erspart bleibe, meint also nicht weniger als: Wir gewöhnen uns allzu schnell an das, was wir haben, im gebannten Blick auf das, was wir wollen oder haben zu müssen glauben, damit es uns gut ergehe.

Spätestens aber, wenn man mit diesem Mechanismus vertraut ist, gilt: Es muss nicht erst die Bedrohung sein, die uns erkennen lässt, wie viel in unserem Leben gut ist, und die uns für das, was wir haben, Dank empfinden lassen könnte. Es reichte im Prinzip schon aus, sich hin und wieder vor Augen zu führen, was einem erspart geblieben ist, und den Blick auch für das zu öffnen, was anderen nicht erspart bleibt, die womöglich unsere Hilfe, unsere Ermutigung, unseren Zuspruch bräuchten. Das schließt auf recht einfache Weise auch den Kreis zu der Frage, woher wir die Kraft nehmen könnten, eine Vorleistung in die Welt auszusenden: Denn schon die Tatsache, dass wir überhaupt dazu in der Lage sind, darüber nachzudenken, welche Vorleistung wir an wen oder was aussenden wollen, ist Hinweis genug darauf, dass dies eigentlich gar keine Vorleistung ist, sondern wir schon in der einen oder anderen Form beschenkt worden sind und dies nun weitergeben.

Wenn aber die bisherige Analyse stimmt, dann wird die ganze Fragwürdigkeit der Formel, derzufolge wir nur weitergeben können, was wir empfangen haben – immer mit der scheinbar impliziten Prämisse, dass wir zu wenig bekommen haben, um etwas weiterzugeben –, noch viel deutlicher. Nicht nur, dass jemand, der sein Leben nach dieser Formel ausrichtet, sehr wahrscheinlich dem eben genannten Fehlschluss der unerlebten Fröhlichkeit zum Opfer fällt, er habe ja ohnehin nichts oder kaum etwas empfangen, was er weitergeben könne. Auch die Verfügbarkeit der Ressourcen an Gutem, das wir in die Welt aussenden können und im Gegenzug in dem Maße zur Verfügung haben, indem wir es aussenden, wird mit dieser Formel unterschätzt. Mit anderen Worten unterschätzt diese Form des psychologischen Determinismus erstens das, was wir haben, zweitens das, was wir zur Verfügung haben, und drittens das, was wir sind: nämlich potenziell immer wesentlich mehr, als wir empfangen haben.

Nun muss man trotz alledem aber auch Maß halten und Ausgeglichenheit bewahren: Denn bei aller Problematik, die der gerade beschriebene Mechanismus der durch Mangel gebundenen Aufmerksamkeit mit sich bringen kann, dient er doch grundlegend unserem Überleben und einem weisen und wohlwollenden Umgang mit uns selbst. Er sagt uns beizeiten, wann wir beiseite- und leisertreten sollen, er warnt uns davor, sinnwidrigen Raubbau an unseren Kräften und Fähigkeiten zu betreiben. Er beschützt uns. Das Plädoyer, über diesen Warnmechanismus hinaus nicht zu übersehen, wie viel in unserem Leben reibungslos gelingt und schon von daher Grund zur Dankbarkeit wäre, bedeutet also nicht, diesen Mechanismus zu ignorieren. Es besagt lediglich, dass wir erst dann ein realistisches Vollbild unseres Lebens gewinnen können, wenn wir nicht nur auf die Lebensbereiche blicken, die momentan noch brüchig oder ungerade oder mangelhaft sind, sondern auch auf die, die nicht von sich aus unsere Aufmerksamkeit auf sich lenken – gerade weil sie gelungen sind. Das ist das Fundament einer realistischen und vernünftigen Dankbarkeit.

Gar nicht selten aber stehen dieser vernünftigen Dankbarkeit nicht äußere, sondern innere Mängel und entmutigende *innere* Fakten und Bedingtheiten gegenüber, also nicht Dinge und ihr Mangel, sondern hindernde *un*vernünftige psychische Zustände: etwa Ängste und Unsicherheiten. Mit anderen Worten: Bisweilen ist der an sich lebenserhaltende und -stützende Mechanismus, der unsere Aufmerksamkeit auf Problembereiche lenkt, falsch geeicht und macht den Betroffenen das Leben dadurch schwer, dass er viel öfter als nötig oder an den falschen Stellen Alarm schlägt (z.B. bei der Angst); oder auch dadurch, dass er zu selten einen Weckruf an uns ergehen lässt, einen bestehenden Mangel auszugleichen (z.B. bei der Antriebsschwäche). Von diesen inneren Fakten weiß die

Psychotherapie und Beratungspraxis, dass sie den Menschen mitunter sogar noch stärker behindern und verunsichern können als so mancher äußerer, also wirklicher, Mangel.

Über das Überwinden innerer Hindernisse

Was also ist mit Innenzuständen, wie zum Beispiel überwertiger Angst, einem Mangel an Selbstkontrolle und allgemeiner der echten oder vermeintlichen Abhängigkeit unseres Handelns von starken Gefühlen oder auch Zweifeln? Ein solcherart begründeter Mangelzustand ist generell meist privaterer Natur als das bisher diskutierte Input-Output-Modell; man teilt ihn daher auch weniger leicht mit anderen, weil die Erlebnisweisen, die ihm zugrunde liegen, ebenfalls privater und subjektiver sind. Sie sind häufig Gegenstand und Thema der psychotherapeutischen Beratung.

Der Patient erzählt etwa, er wisse zwar schon, was richtig ist. Aber ihn lähmt Angst, das zu tun, von dem er eigentlich ahnt, dass es richtig und besser wäre. Er traut es sich nicht zu; oder er hat Skrupel und es ist ihm nicht wohl dabei, etwas zu tun, von dem er nicht weiß, was seine Freunde, seine Familie, andere dazu sagen werden; oder er hat Angst davor, das Risiko einzugehen, das jedes Unternehmen mit sich bringt: Es kann auch nicht gelingen und das Risiko einer solchen Scham will er nicht eingehen, davor hat er zu große Angst.

Oder er erlebt unbändige Lust auf oder Abhängigkeit von etwas, von dem er zugleich weiß, dass es zu tun oder zu nehmen alles in allem schlechter ist, als es nicht zu tun, und fühlt sich doch zu schwach, es dann eben wirklich einfach nicht zu tun. Er ist zum Beispiel gerade dabei, eine schlechte oder schädliche Angewohnheit oder Sucht zu überwinden, und hat sich eigentlich das ehrliche, einsichtige und glaubhafte Versprechen abgenommen, diese Angewohnheit abzulegen. Aber eine Woche später berichtet er etwas verschämt, dass er es doch wieder getan hat. Ein kleinlautes Eingeständnis, das sich selbst abgenommene Versprechen gebrochen zu haben – aber dann folgt oft der entscheidende und scheinbar entschuldende Satz, der diese Form des Determinismus wohl am kürzesten und prägnantesten zusammenfasst: »Ich konnte nicht anders. Das Gefühl war zu stark.«

Oder er kann sich nicht »aufraffen«, etwas zu tun, von dem er zugleich weiß, er sollte es tun. Er muss sich auf eine Prüfung vorbereiten, seine Doktorarbeit fertigstellen, einen wichtigen Brief oder eine Bewerbung schreiben und verbringt die Stunden stattdessen vor dem Fernseher oder dem Computer; und natürlich steigt mit jedem so vergeudeten Tag sowohl der Druck als auch die eingestandene oder uneingestandene Enttäuschung über sich selbst: Er kann sich nicht auf sich verlassen.

Befragt, was ihn denn daran hindere, das zu tun, was er sich eigentlich zu tun vorgenommen hat, weiß er auch keine rechte Antwort – außer vielleicht, dass er sich lustlos und unmotiviert fühlt und nichts dagegen tun kann. Oder er verspürt Angst – die wohl stärkste und lähmendste Form der Unlust –, etwas Sinnvolles zu tun. Er weiß, wenn er nicht den schon oft verschobenen, längst fälligen Zahnarzttermin wahrnimmt, wird es ihm langfristig bestimmt nicht besser gehen. Er hat sich und seinen Freunden das Versprechen gegeben, dieses Mal hinzugehen, aber eine Woche später berichtet er etwas betreten, er habe es wieder nicht geschafft. »Ich hatte solch eine Angst und habe gewartet, bis die Angst weggeht, aber sie ging nicht weg. Ich konnte einfach nicht hingehen, das ging einfach nicht.«

Solche Patienten berichten tatsächlich häufiger davon, dass sie wohl prinzipiell bereit sind und sich wünschen würden, in der Lage zu sein, das zu tun, woran sie die Angst bisher gehindert hat. Aber weil sie sich nicht zutrauen, das Gewünschte trotz oder mit der Angst zu machen, warten sie, bis die Angst vergeht. Das Problem ist nur: Die Angst weicht in der Regel so lange nicht von der Stelle, bis das Wovor dieser Angst nicht zuerst weicht. Also sagt der Betreffende den eigentlich dringend nötigen Termin ab und merkt, wie entlastend es ist, wenn die Angst kurz darauf zurückgeht und einem Gefühl der Entspannung weicht.

Das Resultat: ein kurzer psychologischer Gewinn für den Patienten – und ein unheilvoller Sieg für die Angst. Denn was der Patient vielleicht nicht weiß: Die Angst ist gefräßig, sie will mehr und folgt dabei einem fatal effektiven System: Es ist angenehm, wenn Angst vergeht – der Organismus lohnt einem das Nachgeben und Fliehen vor der Angst durch das Wohlgefühl der Entwarnung, wenn der Angststimulus erst einmal erfolgreich gemieden und gebannt ist. Der Patient, der systematisch meidet, was ihn ängstigt, meidet also nicht nur das Erleben der Angst, er belohnt auch die Flucht – er belohnt, mit anderen Worten, seine Angst dafür, dass sie einmal mehr stärker war als seine Einsicht; er füttert die Angst durch sein Vermeiden. Es braucht nicht viel Fantasie, diese Geschichte weiterzuspinnen: Das nächste Mal ist nicht ein Zahnarzttermin fällig, sondern ein Impftermin bei seinem Hausarzt. Bisher hat sich der Patient davor nicht sonderlich gefürchtet. Aber jetzt merkt er auf – der eine wie der andere Arzt gibt mir eine Spritze, das ist unangenehm. Diesem unangenehmen Gefühl zu entfliehen ist – das zeigte seine Erfahrung – sehr angenehm. Eine leichte Angst beschleicht ihn und je mehr er sich durch sie verunsichern lässt, desto stärker wird sie. Soll er also wieder warten, bis die Angst vergeht? Er kann lange warten. Zuletzt wird auch dieser Impftermin verschoben und das heißt, wenn diese Geschichte den vorhersagbaren Weg der Angst geht, letztlich abgesagt. Und so weiter – Unfreiheit breitet sich aus, wenn wir unangenehme Gefühle die Grenzen unserer Freiheit bestimmen lassen.

Ängstliche Menschen berichten regelmäßig davon: Vor einem Jahr haben sie sich noch bloß unwohl gefühlt, wenn sie ihre Stadt verlassen sollten; also verließen sie ihre Stadt nicht mehr. Bald war ihnen auch unwohl, wenn sie die Grenzen ihres Stadtviertels übertreten mussten, dann war es die Straße, dann das Haus und schließlich ihre Wohnung, die von unsichtbaren Grenzen umgeben ist. Ängste breiten sich nicht nur nahezu epidemisch aus; sie fordern auch innerhalb der Welt des Erlebenden immer mehr Raum ein – wenn man ihnen diesen Raum gibt.

Die Zusammenhänge mit der gemeinhin beklagten Wertekrise erschließen sich vielleicht erst auf den zweiten Blick, aber sie sind zugleich nicht besonders schwer hervorzuheben – und sie werfen sich auch in die Waagschale der These, dass wir im Allgemeinen weniger an einem Mangel an der Erkenntnis sinn- und wertorientierter Entscheidungen leiden, als daran, dass wir manchmal nicht recht wissen, wie wir diese Entscheidungen handelnd umsetzen, wie wir ihnen also treu bleiben können auch dann, wenn wir gerade nicht dazu aufgelegt sind. Zur Frage steht hier nämlich weniger, ob wir uns von Außenzuständen abhängig machen, sondern wie viel Gewicht wir unseren momentan angenehmen oder unangenehmen Innenzuständen einräumen. Hier kann mitunter die letzte und entscheidende Hürde für ein idealistisches, sinnvolles, freies und verantwortliches Leben liegen.

Denn wenn wir unsere Bereitschaft, erkannte Wert- und Sinnmöglichkeiten zu verwirklichen, nur oder primär von Lust oder Unlust abhängig machen, dann ist unser Handeln letzten Endes schließlich gar nicht mehr von den Werten und unseren Einsichten selbst bestimmt, sondern lediglich von der Lust oder Unlust. Diese treiben uns dazu, heute etwas zu tun, das zufällig auch einem bestimmten Wert oder einer bestimmten Einsicht entspricht, und morgen etwas, das zufällig diesem Wert oder dieser Einsicht zuwiderläuft. Das Diktat ginge dann folglich gar nicht von Sinn und Wert aus, sondern von der gerade empfundenen Lust oder Unlust, bzw. angenehmen und unangenehmen Gefühlen.

Um hier aber gleich dem Missverständnis vorzubeugen, lustorientiertes Handeln sei an sich schon problematisch oder weniger sinn- und wertorientiert, muss man der folgenden Diskussion voranstellen: Das ist nicht der Fall. Denn man kann fraglos auch dann und dadurch Sinn verwirklichen, wenn man einem Verlangen folgt, anstatt es sich stets zu versagen. Schließlich sollten wir im Umgang mit uns selbst ebenso freundlich und gütig sein wie im Umgang mit anderen, und Lust und Unlust sind oft genug und über weite Strecken hinweg gute Gefährten und Führer durch ein gesundes und gelungenes Leben. Wir empfinden es z.B. meist als angenehm und schön, wenn wir unserem Verlangen nachkommen, und es gibt keinen Grund (und es kann keinen solchen Grund geben), der uns davon abbringen sollte, schöne und vergnügliche Dinge zu genießen, nur weil sie angenehm sind. Verzicht als Verzicht um seiner selbst willen, das heißt als Lebensprinzip oder als Lebensverneinung, ist in keiner Weise mit dem Verzicht um eines Wertes willen, einer anderen Person oder um einer Sache willen zu vergleichen – letztere kennen einen guten Grund. Das Wissen um diesen Grund bzw. der Grund selbst, erleichtert auch das Erbringen des »Opfers«, das jemand vollbringt, schon deshalb wesentlich, weil er weiß, *warum* er es vollbringt. Aber ein Verzicht um des Verzichts willen hat mitunter keine guten, sondern psychologisch bedenkliche Gründe: etwa das Streben nach Anerkennung oder schlichtweg eine verfehlte Lebenshaltung, die sich das Gute, welches das Leben für uns bereithält, versagt. Beides beschreibt somit ein Sich-Versagen dessen, was ohne gewichtigen Gegengrund gut und als solches eigentlich relativ unkompliziert als freudiges oder angenehmes und schönes Erlebnis anzunehmen wäre.

Zudem: Wenn es wertvoll und gut ist, einem anderen Menschen angenehme, schöne und interessante Erlebnisse zu ermöglichen, wie könnte es dann schlecht sein, sich selbst angenehme Erlebnisse zu ermöglichen? Wenn es *a priori* schlecht wäre, uns Gutes zu tun, dann wäre es auch *a priori* schlecht, anderen Gutes zu tun. Es wäre daher ganz abwegig, anzunehmen, dass, wenn eine Person, die vor der Entscheidung steht, einem Verlangen nachzukommen oder diesem zu widerstehen, nur dann »gut« oder reif oder sinn- und wertorientiert handeln würde, wenn sie diesem *nicht* nachkäme – jeweils vorausgesetzt allerdings, sie schadet dabei weder sich noch anderen.

Ein solcher Schaden tritt aber genau dann ein, wenn man Lust und Unlust über Entscheidungen und Handlungen bestimmen lässt, die wir längst als gut und sinnvoll erkannt haben und nun nicht vollziehen, weil innere Hindernisse sich dem in den Weg stellen wollen. Ein guter und relativ sicherer Indikator dafür, dass hier etwas im Argen liegt und mit echtem, freien und unbeschwerten Vergnügen nur mehr wenig zu tun hat, ist, dass man selbst merkt, dass man seine Sinnmöglichkeiten den bloßen und oft flüchtigen Lust-Unlust-Gefühlen opfert. Man tut oder lässt also aus Bequemlichkeit etwas, was man eigentlich nicht tun oder nicht unterlassen wollte. Man handelt unter diesen Umständen also gegen den eigenen Willen oder gegen bessere Einsicht und folgt meist eher kurzfristig auftauchenden Launen. Das Resultat ist selten gut – wir handeln dann nämlich letzten Endes so, als ob es *nur* oder primär darauf ankäme, angenehme Gefühle zu erleben und unangenehme Gefühle zu meiden, und sitzen bald in einer psychologischen Falle. Erstens, weil der oben beschriebene Mechanismus der adaptiven Bindung der Aufmerksamkeit an das Nichtgelungene uns bald immunisiert gegen das Gute, das viel zu leicht unserer Aufmerksamkeit entgeht; zweitens, weil die daraus resultierende Jagd nach angenehmen Gefühlen einen erst recht wieder abhängig macht von Faktoren, über die man wenig Kontrolle hat – und denen man auf diesem Wege noch mehr Bestimmungsgewalt zugesteht, als sie eigentlich haben müssten.

Die Jagd nach angenehmen und die Flucht vor unangenehmen Gefühlen steht der Freiheit daher ebenso entgegen, wie sie den Vollzügen sinnvollen Handelns im Wege steht, die sich eben vor allem in der Freiheit entfalten. Das Koordinatensystem von Lust und Unlust reicht mit anderen Worten nicht aus, um der Fülle einer Situation mit all ihren Sinnanfragen und den zahlreichen Möglichkeiten der Person gerecht zu werden. Bildlich gesprochen: Ein Kompass, der nur zwei Pole – Lust und Unlust – kennt, wird den Reisenden von der Freiheit geradewegs in die Unfreiheit und Abhängigkeit führen. Denn eine Landkarte des Lebens, die sich nur zwischen diesen beiden Polen aufspannt, ist um nicht weniger als um eine ganze Dimension vermindert: Der Welt unterstellt sie, bloß Mittel zum Zweck zur eigenen Bedürfnisbefriedigung zu sein; und der Person unterstellt sie, ganz den Launen ihrer eigenen Bedürftigkeit und ihrem Verlangen ausgeliefert zu sein.

Das Paradoxe und manchmal Tragische daran ist, dass die Betroffenen dies oft nur allzu gut wissen – hierin liegt ja auch der Grund, weshalb sie überhaupt über sich selbst enttäuscht sind, oft Unverständnis über sich selbst und ihr Handeln äußern und dann zum resignierten Schluss kommen: Offenbar kann ich nicht anders, obwohl ich längst erkannt habe, dass ich anders sollte und es anders besser wäre.

Genau das aber gilt es nun, sich genauer anzusehen.

Ermutigung zur Freiheit: Handeln ist mehr Erleben

Zunächst ist festzuhalten, dass das konkrete Erleben von Lust und Unlust stark von individuellen Charakter- und Temperamentunterschieden abhängt. Manche Menschen sind beispielsweise von ihrer Konstitution her eher ängstlich – sie zucken schneller zusammen, wenn hinter ihnen ein unerwartetes Geräusch ertönt, während andere kaum auf dieses Geräusch reagieren und sich vielleicht bloß neugierig umdrehen, weil sie wissen wollen, was da los war. Anderen fällt es schwerer, sich selbst zu motivieren – wo andere schon längst ans Werk gehen, zögern sie und verschieben ihre Aufgaben noch und kommen vor lauter Zögern nicht richtig in die Gänge. Wieder andere mögen aufbrausender sein, als sie selbst es sein wollen, phlegmatischer, unsicherer usw. Die Forschung sagt uns, dass diese individuellen Unterschiede großteils aus einer komplexen Wechselwirkung aus Veranlagung und Prägung entstehen und als Erlebnisweisen auch kaum unmittelbar zu verändern sind. Aber das steht auch gar nicht zur Frage – die

Grenzen des kausalen Ansatzes haben wir ja bereits betrachtet: Zu wissen, *warum* einem bestimmte Dinge nicht leicht von der Hand gehen, befähigt uns noch lange nicht, sie fortan erfolgreicher auszuführen.

Zur Frage steht vielmehr, *wie* man mit diesen individuellen Eigenschaften umgeht; also nicht, was *sie* mit und aus uns, sondern *wir* mit und aus ihnen machen. Die Erfahrung des Psychotherapeuten und Psychiaters sagt uns dazu, dass diese Eigenschaften zwar als *Erlebnisweisen* nicht unmittelbar verhandelbar sind, nicht aber, dass sie daraufhin auch als *Verhaltensweisen* unverhandelbar wären. Warum? Weil Handeln viel mehr ist als Erleben.

Das ist leicht ersichtlich: Erleben geschieht einem und erfüllt überhaupt nur dann und in dem Maße seine Funktion regelgerecht, wenn es uns eine von unseren Wünschen oder Befürchtungen weitgehend unabhängige Repräsentation unserer Umwelt und unserer Innenwelt darbietet. Ich weiß also, dass Nacht ist, weil ich sehe, dass die Sonne bereits untergegangen ist und die Uhr mir eine späte Stunde anzeigt. Ich weiß, dass ich hungrig bin, weil ich Hunger verspüre. Und ich weiß, dass ich Angst erlebe, weil ich mich ängstlich fühle. Das sind erst einmal unverhandelbare Zustände; so finden wir als Erlebende uns und die Welt vor. Ebenso wenig, wie wir in der Lage sind, bewusst zu entscheiden, *was* wir wahrnehmen, sind wir spontan und unmittelbar dazu in der Lage, darüber zu verfügen, *wie* wir es wahrnehmen und welche Gefühle und Empfindungen wir dabei erleben. Es bleibt Nacht, auch wenn ich mir wünschte, es wäre schon oder noch Tag; ich bin hungrig, auch wenn ich lieber satt wäre; und ich erlebe Angst, auch wenn ich das gar nicht will. So unterschiedlich diese Erlebnisinhalte im Einzelnen sein mögen, sie zeichnen sich doch durch eine wesentliche sie einende gemeinsame Eigenschaft aus: Sie werden von uns erlebt und unsere einzige »Aufgabe« als Erlebende besteht zunächst einfach nur darin, dieses Erleben zur Kenntnis zu nehmen. Erlebnisse – innere wie äußere – sind in gewisser Weise schicksalhaft und für den Moment unabänderlich. Sie unterliegen nicht unserer Verfügungsgewalt.

Auch die drei eingangs genannten klassischen Hinderungsgründe, das zu tun oder zu unterlassen, was wir eigentlich als besser erkannt haben – Angst, Verlangen, Lustlosigkeit –, sind allesamt Zustände, die wir uns nicht bewusst zu erleben aussuchen. Sie überkommen uns. Kein Mensch sucht sich seine Ängste (oder seine Angstneigung) aus, keiner, der sich von als schlecht erkannten Angewohnheiten befreien möchte, sucht sich das scheinbar schier überwältigende Verlangen aus, gegen alle bessere Einsicht wieder rückfällig zu werden; und keiner, der eine als sinnvoll erkannte Tätigkeit Tag um Tag verschiebt und versäumt, sucht sich seinen Mangel an Initiative und Motivation bewusst und so wollend aus. Noch viel weniger wird sich jemand solche Erlebnisweisen aussuchen, wenn sie chronisch, also Teil seiner psychischen Konstitution und Verfasstheit sind.

Die sprechstündlich geäußerten Sätze: »So bin ich nun einmal. So handle ich nun einmal, und ich kann nicht anders, *weil* ich so bin« haben so besehen einen wahren Kern. Aber sie erzählen nur die halbe Geschichte und verschweigen die zweite entscheidende Hälfte: den Beitrag der Person und die alles entscheidende Frage, was diese Person mit und aus ihren Neigungen macht, wenn sie nicht mehr nur sich selbst, sondern auch Sachverhalte und Personen in der Welt im Auge behält – mit anderen Worten: wenn sie sich nicht nur fragt, wie es *ihr* geht, sondern auch, worum *es* geht. Denn:

> Erst in der Hingabe an eine Sache gestalten wir die eigene Person. Nicht durch Selbstbetrachtung oder gar durch Selbstbespiegelung, nicht durch ein Kreisenlassen des Denkens um unsere Angst werden wir frei von dieser Angst, sondern durch die Selbstpreisgabe, durch das Sich-Ausliefern und Sich-Hingeben an eine solcher Hingabe würdige Sache. Das ist das Geheimnis aller Selbstgestaltung, und es hat wohl niemand

treffender ausgedrückt als Karl Jaspers, wenn er schreibt: »Was der Mensch ist, das ist er durch die Sache, die er zur seinen macht.«[42]

Wer kennt nicht die Fälle – entweder aus eigener Erfahrung oder aus Beobachtung oder Erzählung –, in denen jemand, den eben noch vermeintlich unbändige innere Widerstände lähmten, gerade das tut, woran ihn seine Angst, seine Antriebsschwäche, sein Verlangen hindern wollten, weil etwas auf dem Spiel steht, das mehr wiegt als das unangenehme Aushalten und Trotzen dieser Gefühle? Und wer kennt nicht die Fälle, in denen es Menschen gelungen ist, nach und nach jene Freiräume zurückzugewinnen, die ihnen diese Gefühle zuvor geraubt haben? Es ist ihnen gelungen – nicht, weil die Angst oder Unlust schwächer wurde, sondern weil *sie* in der Hingabe an eine sinnvolle Aufgabe stärker wurden als die Angst und die Unlust. Das Kräftegleichgewicht zwischen Angst, Unlust und Ich wurde also dahingehend verlagert, dass eine anfänglich noch beeindruckende Angst oder Unlust einen einfachhin nicht mehr beeindruckt, weil etwas viel Wichtigeres auf dem Spiel steht. Vielleicht konnte es auch gelingen, weil man Vertrauen in sich selbst und die eigene Freiheit gefasst hat, diese Angst oder Unlust, wenn sie schon da ist, auszuhalten und nötigenfalls die Dinge eben auch mit der Angst und Unlust zu tun, weil diese Dinge wichtiger und sinnvoller sind. Wie Viktor Frankl in seinen Vorlesungen häufig zu fragen pflegte: »Wer sagt denn, dass ich die Dinge nicht auch *mit der Angst* tun kann?«

Die Alternative wäre ja, sich sein Leben und seine Lebensgeschichte von Angst-, Lust- und Unlustgefühlen diktieren zu lassen. Die Rechnung ist eigentlich recht einfach und letztlich führt kein Weg an ihr vorbei: Man steht vor der Wahl, sich von sei-

42 Frankl, V. E. (2010). *Logotherapie und Existenzanalyse. Texte aus sechs Jahrzehnten.* Weinheim: Beltz, S. 180 f.

ner Angst ins Bockshorn jagen und daraufhin Sinnvolles ungenutzt verstreichen zu lassen. Oder, man erlebt die Angst – das ist unangenehm genug –, aber man entscheidet nach einiger Abwägung, dass man der Angst nicht mehr geben will, als sie verlangen darf – also nicht auch noch die vielen guten Dinge, die man tun und erleben könnte, aber nun zu tun und erleben zu unterlassen droht, weil die Angst sie einem abspenstig machen will. Man denkt etwa an die Bedürftigkeit der Welt und an die vielen Kapitel der eigenen Lebensgeschichte, die leer und unausgefüllt bleiben, weil die Angst – oder die Antriebsschwäche oder das Verlangen – so viel Raum einnehmen wollen. Will man das zulassen – und sich obendrein ohnehin nicht gut fühlen, weil man ja sieht, dass man viel versäumt und das, was man eigentlich will, »nicht kann«? Wenn man sich erinnert, dass das zukünftige Ich sein eigenes Leben an den Dingen bemessen wird, die es ausgesendet hat, und weniger an denen, die ihm widerfahren sind, wird sich das heute geängstigte oder antriebsschwache oder suchtgefährdete Ich leichter über den momentanen Lust- oder Unlustzustand erheben können – und am Ende vielleicht sogar ein wenig Stolz empfinden können, jedenfalls aber nicht das Bedauern, eine nicht wiederkehrende Sinnmöglichkeit einer bloßen Laune geopfert zu haben.

Es geht also auch hier wieder weniger darum, was und wie wir passiv erleben, als um unseren persönlichen aktiven Beitrag, der notfalls auch dann noch verwirklicht werden soll oder will, wenn wir uns gerade nicht danach fühlen und uns das Erleben eher zu Bequemlichkeit, Flucht oder Resignation verleiten will – wohlgemerkt: verleiten, aber nicht zwingen. Denn Freiheit ist hier nach wie vor gegeben.

Das lässt sich zunächst leichter anhand positiver Anlagen darlegen als anhand von negativen und belastenden. Betrachten wir etwa den Fall der Musikalität. Musikalität ist bis zu einem gewissen Grad konstitutionell in manchen stärker angelegt als in anderen, es gibt sogar überzeugende Hinweise auf eine genetische Komponente musikalischen Talents.[43] Hier wie dort gilt die eben erwähnte Schicksalhaftigkeit unserer Konstitution: Wer über musikalische Anlagen und Neigungen verfügt, hat sich das in der Regel ebenso wenig bewusst ausgesucht und herbeigeführt wie jemand, der über die Anlage und Neigung zum Beispiel zu übermäßiger zorniger Erregbarkeit verfügt. Aber was bedeutet das für sein Handeln, und was bedeutet es für die generellere Beziehung zwischen Anlage, Erleben und Verhalten? Spielt denn die musikalische Veranlagung Klavier, komponiert sie, improvisiert sie? Verwirklicht sie sich selbst? Das leuchtet ein: offensichtlich nicht. Man muss sich schon dazu entscheiden, sich darauf einlassen, ein *fiat* darüber aussprechen: Diese Anlage soll Wirklichkeit werden. Solange nicht *wir* sie zur Wirklichkeit werden lassen, bleibt sie bloße Möglichkeit. Wir können sie auch ungenutzt mit ins Grab nehmen.

Das leuchtet etwa unserem jähzornigen Patienten meist so schnell ein, dass man nicht erst hinzufügen muss: »Ja, aber wenn Sie dem zustimmen, dann müssten Sie doch auch zugeben: Was für die eine Anlage recht ist, muss auch für die andere billig sein.« Also wird nicht die cholerische Veranlagung unfreundlich und ausfallend, sondern der Patient wird es. Nicht *etwas* (die Anlage und die innerpsychischen Prozesse, die diese Anlage bedingen), sondern *jemand*: ein Ich – nicht nur ein seelischer Apparat, sondern auch eine geistige Person, die entscheidungsfähig und verantwortlich ist. Diese Person kann entgegen der ursprünglichen Beteuerung des Patienten, »auch anders«, auch wenn das kurzfristig aufgrund der Begleitempfindungen nicht besonders angenehm ist. Denn es handelt nicht das Erleben und die Veranlagung, sondern der Patient mit, wegen oder trotz dieser Einflussfaktoren. Es

43 Hambrick, D. Z., & Tucker-Drob, E. M. (2015). The Genetics of Music Accomplishment: Evidence for Gene-Environment Correlation and Interaction. *Psychonomic Bulletin & Review*, 22 (1), 112–120.

liegt folglich auch an ihm, ob er bloß ein cholerisches Temperament *hat* oder ob er auch ein Choleriker *ist*, ob er ein eher phlegmatisches oder ängstliches Temperament *hat* oder auch phlegmatisch oder ängstlich *ist*, usw.

Die Aufgabe des Freundes oder Beraters oder Psychotherapeuten besteht in solchen Fällen also darin, eine weitere Variante eben jenes deterministischen Fehlschlusses aufzuklären, der uns schon weiter oben begegnete: Dort war es die irrige Überzeugung, dass man nur das weitergeben kann, was man empfangen hat. Und hier ist es die nicht minder bindende und einschränkende Überzeugung, man sei bestimmt von dem, was *mit* und *in* einem geschieht. Und was dort galt, gilt auch hier: Freiheit ist eine Vollzugswirklichkeit – man muss sie vollziehen, um sie wirksam zu machen, notfalls auch über die unabänderlichen Gegebenheiten des Erlebens hinweg.

Ein konkretes Beispiel dazu: Eine Kollegin musste, um an meinen Blockseminaren an der Abteilung für Logotherapie und Existenzielle Psychotherapie am Universitätsinstitut für Psychoanalyse in Moskau teilnehmen zu können, längere Flugreisen von Alma Ata nach Moskau antreten. Eines Tages erzählte sie während einer Supervisionsgruppe von den starken Flugängsten, die sie jedes Mal plagten, wenn sie sich auf den Weg nach Moskau machte. Als Psychologin wusste sie nur zu gut, dass das Warten darauf, dass die Angst von allein vorübergehen würde, keine Abhilfe schaffen würde. Sie tat also etwas, was viele angstgeplagte Menschen tun: Sie kämpfte gegen die Angst an – und auch das ist leider selten erfolgsversprechend. Denn das Ankämpfen gegen überwertige, irrationale Ängste spricht ihnen mehr rationale Berechtigung zu, als ihnen zusteht – und hat sie damit schon gestärkt. Die überwertige Angst ist aber kein vernünftiger Diskussionspartner – am Verhandlungstisch hält sie sich ebenso wenig an rationale Regeln wie in ihrem Deuten dessen, wovor man Angst erlebt.

Im Gespräch erarbeiteten wir folgende Strategie im Umgang

mit der Angst: Sie nahm sich von nun an vor, nicht weiter *gegen* die Angst anzukämpfen und sich ein einfacheres und realistischeres Ziel zu setzen: Nicht die Angst sollte schwächer, sondern sie selbst solle stärker werden als die Angst. Denn darüber konnte sie unmittelbar entscheiden; über das Erleben der Angst zunächst weniger. Als Psychologin und angehende Psychotherapeutin sei es zudem ohnehin von Vorteil, wenn sie die Angst nicht gleich loswerde – sie solle vielmehr die Gelegenheit nutzen, ihre Flugangst zu studieren. Sie solle ihre Flugangst also ebenso bewusst in ihrem Reisegepäck mitnehmen wie ihre Lehrbücher und das Kursmaterial. Wenn das Angsterleben dann kurz vor Abflug bedrohlicher und unangenehmer würde, solle sie sich vornehmen, die Angst mit wissenschaftlichem Interesse zu studieren – erst, wenn ihr das auf die Dauer des mehrstündigen Flugs zu langweilig würde, könne sie sich dann ja anderen Dingen zuwenden. Die Studentin verstand sofort, worauf es ankam: Nicht auf das bloße Erleben der Angst, sondern auf ihre Wahl, wie sie auf die Angst reagierte. Nicht auf die Stärke der Impulse oder Empfindungen allein kommt es an, sondern auf das Kräftegleichgewicht innerhalb des Menschen: Als Person ist man bezogen auf Sinnmöglichkeiten, die einen ansprechen und für die man gegebenenfalls auch unangenehme Empfindungen aushalten kann – in diesem Fall eine Fortbildung, für die eine zunächst angstvoll erlebte längere Flugreise in Kauf genommen werden musste. Die Studentin berichtete später tatsächlich, dass sie schon beim Rückflug merkte, wie viel weniger beeindruckend die Flugangst mit einem Mal war: Die bewusst und als Studienobjekt ins Reisegepäck gepackte Angst konnte sie nicht mehr so leicht erpressen.

Es sei dahingestellt, was genau in diesem Fall gewirkt und geholfen hat. Vielleicht war es die bloße Erinnerung, dass man die sinnvollen Dinge, wenn es denn sein muss, notfalls auch mit der Angst machen kann. Oder es war die paradoxe Intention (s.u.), dass sie sich die zuvor noch furchtsam erwartete Angst nun herbeiwünschte und so den Erpressungsmechanismus der Angst aushebelte – also die Tatsache, dass die Studentin das Projekt der zu studierenden Angst geradezu ironisierend anging, als sie zuletzt die Hoffnung äußerte, dass ihre Flugangst nicht gänzlich verschwinde, weil sie sie sonst nicht weiter studieren könne. Was immer es im Einzelnen war – alle drei Erklärungsmöglichkeiten haben einen gemeinsamen Nenner: Das Ich wurde wieder stärker als die Angst, weil es sich selbst den Erfahrungsbeweis schenkte: Es ist nicht allein von seinen Launen abhängig, sondern kann auch mit und über die Launen hinweg das tun, was zu tun es als wichtig und sinnvoll erkannt hat.

Menschen, denen es gelungen ist, diese Einsicht in die Tat umzusetzen, berichten regelmäßig davon, dass sie – wie übrigens auch unsere Studentin – einen beinahe sportlichen Ehrgeiz ihren Launen gegenüber entwickeln. Oder, wie es ein Patient in Abwandlung eines bekannten Freud-Zitats ausdrückte: »Das Ich ist wieder Herr im eigenen Haus, nicht die Launen.« Es wurde schon vorher die These in den Raum gestellt, dass die Alternative – das Einknicken vor Angst, Antriebsschwäche und Abhängigkeit – Folge des Selbstbilds eines Ichs ist, das sich selbst nicht zutraut, sich im Interesse einer erkannten Sinnmöglichkeit über potenziell hinderliche Außen- und Innenumstände hinwegzusetzen. Vielleicht ist diesem Ich im Zuge der Psychologisierung unseres Alltags auch einfach nur oft genug eingeredet worden, dass man nichts tun solle, dem die eigenen Gefühle widerstreben – als ob Launen, von denen wir zudem noch selbst einräumen müssen, dass sie uns an einem reifen und produktiven Lebensvollzug hindern, bessere Ratgeber wären als unsere eigenen vernünftigen Einsichten. Als hätten wir keine Freiheit, unsere Launen, wenn es nötig ist, auszuhalten und dennoch die Dinge zu tun oder zu unterlassen, die wir als gut, sinnvoll, vernünftig oder richtig erkannt haben. Denn fest steht: Es kann kein Zeichen von persönlicher Reife, Freiheit und Verantwortung sein, wenn man sich in seinem Entscheiden und Handeln von Empfindungen leiten lässt, die man selbst als unvernünftig erkannt hat und die einen zudem noch an dem hindern, was man eigentlich will und soll.

Über den Raub der Freiheit und seine Kosten

Es hat sich im bisherigen Diskussionsverlauf zunehmend herauskristallisiert, dass vollzogene Freiheit davon abhängt, ob wir sie zu nutzen und wahrzunehmen bereit sind. Vollzugswirklichkeit meint in diesem Zusammenhang also konkreter, dass eine Fähigkeit sich nur in dem Maße als wirklich und wirksam erweist, wie sie auch vollzogen und verwirklicht wird. Ein weiteres Beispiel ist etwa die Sprache; auch diese Fähigkeit erweist sich in dem Maße als wirksam und wirklich, wie wir sprechen; dann erst ist sie Wirklichkeit geworden. Davor gab es nur die Vermutung, dass jemand sprachfähig ist. Mit Blick auf die Willensfreiheit können wir also eine einfache Vorhersage treffen, um die in der bisherigen Diskussion erarbeiteten Zusammenhänge empirisch zu überprüfen: Eine Vollzugswirklichkeit werden wir nur in dem Maße und so weit zu verwirklichen versuchen, wie wir davon überzeugt sind, über die zu vollziehende und zu verwirklichende Fähigkeit zumindest potenziell zu verfügen. Zeigen sich, abhängig von dieser Überzeugung, Unterschiede im Verhalten, haben wir starke Indizien dafür gefunden, dass der mit dieser Überzeugung einhergehende Vollzug dieser Fähigkeit den beobachteten Unterschied bedingt. Dann aber hätten wir zugleich auch starke Indizien dafür gefunden, dass die dieser Fähigkeit unterstellte Wirksamkeit real ist, also vollziehbar ist. In diesem konkreten Fall: dass wir über ein entscheidungs- und verhaltensrelevantes Ausmaß an Freiheit verfügen – über jene Freiheit etwa, über deren vermeintliche Abwesenheit derjenige klagt, der sich von seinen Außenumständen und Innenzuständen abhängig – und also unfrei – macht und »nicht anders zu können« glaubt.

Diese These ist überprüfbar und mittlerweile in zahlreichen

Studien untersucht worden, die im Prinzip zumeist demselben Schema folgen: Man nehme eine zufällige Stichprobe der Bevölkerung und teile sie in zwei Gruppen ein. Der einen Gruppe wird in überzeugender Weise dargelegt, dass sie vollständig durch ihre Innen- und Außenumstände determiniert sei (»nicht anders kann«), der anderen Gruppe wird in ebenso überzeugender Weise erklärt, sie verfüge über Entscheidungs- und Handlungsfreiheit und es käme eben primär und vor allem auf ihre eigenen frei gewählten Entscheidungen an, wie sie sich verhalte, auch wenn sie ihre Innen- und Außenbedingungen nicht unmittelbar und gleich beeinflussen kann (»ich kann auch anders«).

Die Versuchspersonen werden dann in Situationen beobachtet, in denen das Zustandekommen eines Konflikts zwischen den innerpsychisch vorgegebenen Erlebniskoordinaten Lust-Unlust einerseits und Entscheidungsfreiheit und Werteansicht andererseits bewusst vorprogrammiert ist.

Üblicherweise werden die untersuchten Zusammenhänge und Studienabsichten vor den Versuchspersonen verborgen gehalten, damit man nicht bloße Erwartungseffekte einfängt, sondern die reine, unmittelbare Wirkung des Glaubens oder Unglaubens an die eigene Willensfreiheit und damit auch die Bereitschaft, von dieser Freiheit Gebrauch zu machen oder nicht.[44]

Man erklärt ihnen beispielsweise, sie nähmen an einer Studienreihe mit mehreren kleinen Einzelexperimenten unterschiedlicher Versuchsleiter teil, ein Experiment habe also mit dem nächsten nichts zu tun. Vom ersten Experiment wird etwa behauptet, in ihm würden bestimmte Aspekte von Textverständnis und -erinnerung untersucht. Die Versuchspersonen bekommen dann, je nachdem, welcher Versuchsgruppe sie zugeteilt wurden, einen Text zu

44 Stillman, T. F., et al. (2010). Personal Philosophy and Achievement: Belief in Free Will predicts Better Job Performance. *Social Psychological and Personality Science*, 1 (1), 43–50.

lesen, in dem beispielsweise glaubhaft von angeblich neuen »bahnbrechenden« Forschungsergebnissen berichtet wird, denen zufolge nun unumstößlich feststehe, menschliches Verhalten sei vollständig determiniert (für die »unfreie Gruppe«) bzw. nicht determiniert, sondern stünde im Einflussbereich der bewussten Entscheidungsfähigkeit der Person (für die »freie Gruppe«). Nach Beantworten einiger einfacher Testfragen wird dieser Teil der Studienreihe für beendet erklärt und die Versuchspersonen werden auf das nächste Experiment vorbereitet.

In einem dieser Folgeexperimente wurden Versuchspersonen beispielsweise gebeten, eine Reihe mathematischer Aufgaben zu lösen.[45] Der Versuchsleiter erklärte ihnen, auf einem Computermonitor würden nacheinander 20 mathematische Probleme präsentiert werden, die mit etwas Geduld und Ausdauer im Kopf zu lösen seien (1+8+18+12+19-7+17-2+8-4=?), und die Lösungen seien auf einem bereitgestellten Blatt Papier niederzuschreiben. Dann merkte der Versuchsleiter noch entschuldigend an, dass aufgrund eines Programmierungsfehlers die richtige Lösung einige Sekunden nach Darbietung der Aufgabe automatisch auf dem Monitor aufscheinen würde, die Versuchspersonen dies aber unterbinden könnten und sollten, indem sie kurz nach Erscheinen der Aufgabe die Leertaste der vor ihnen liegenden Tastatur drückten. Der Versuchsleiter sagte den Teilnehmern weiter, dass er zwar nicht nachprüfen könne, ob und wie oft sie die Leertaste drückten, bat sie aber inständig darum, nicht zu mogeln und die mathematischen Probleme wirklich selbst zu lösen (also nicht einfach ohne Aktivieren der Leertaste darauf zu warten, dass die Lösung erscheint). Nur dann würde seine Versuchsreihe brauchbare Daten generieren, andernfalls aber wären die Versuchsergebnisse wertlos und

45 Vohs, K. D., & Schooler, J. W. (2008). The Value of Believing in Free Will: Encouraging a Belief in Determinism increases Cheating. *Psychological Science*, 19 (1), 49–54.

die langen und aufwendigen Vorbereitungsarbeiten vergeblich gewesen. Danach verließ der Versuchsleiter das Zimmer, damit der Proband sich allein und ungestört an die mathematischen Aufgaben machen konnte; die Versuchspersonen fühlten sich daher unbeobachtet. Tatsächlich registrierte der Computer aber ohne Wissen der Versuchspersonen, wie oft sie die Leertaste drückten oder nicht (= schummelten). Die Versuchspersonen hatten also die Gelegenheit, die bald frustrierend langweilige Versuchsaufgabe deutlich bequemer dadurch abzuschließen, dass sie nicht die Leertaste drückten und lediglich darauf warteten, bis die Lösung auf dem Monitor von allein erschien. Damit mussten sie allerdings auch in Kauf nehmen, dass sie nicht nur unehrlich handelten, sondern auch dem Versuchsleiter schadeten, da dessen Versuchsergebnisse unter diesen Umständen kein reales Abbild mathematischer Lösungskompetenz darstellen würden.

Es wurde in diesem Experiment folglich ein geringfügiger Konflikt zwischen lust- und unlustbestimmtem Verhalten einerseits und rücksichtsvollem und im weitesten Sinne wertorientiertem Verhalten herbeigeführt – eine Konstellation also, die klassischerweise als eben jene Verleitungs- oder Versuchungssituation definiert wird, der der ichschwache Mensch mit der Begründung, »nicht anders gekonnt zu haben«, so häufig erliegt. Die leichte und bequemere Alternative: schummeln; die ehrlichere und reifere Alternative, die allerdings auch Willenseinsatz erforderte: die Leertaste drücken und die langweiligen Kopfrechnungen selbst durchführen.

Die Kernfrage lautete: Würde es in einer solchen Situation einen Unterschied machen, ob die Teilnehmer zuvor davon überzeugt wurden, über die Freiheit zum Anderskönnen zu verfügen bzw. in ihrem Entscheiden und Handeln determiniert zu sein? Würde es also einen Unterschied machen, ob jemand von der Vollzugswirklichkeit seiner Freiheit überzeugt war oder nicht? Die Antwort lautet kurz gefasst: überwältigend Ja. Die Versuchspersonen, denen zuvor in einem anderen experimentellen Kontext glaubhaft gemacht wurde, sie seien unfrei, drückten wesentlich seltener die Leertaste (48 %) als die Versuchsteilnehmer, denen zuvor ihre Freiheit zugesichert und bestätigt worden war (70 %).[46]

Mittlerweile wurde dieses Versuchsprotokoll in zahlreichen Variationen und Testsituationen durchgeführt – mit bisher immer demselben Ergebnis: Menschen, denen der Glaube an ihre Entscheidungsfreiheit »genommen« wurde, sind weniger bereit, sich vernünftig, besonnen, rücksichtsvoll, freundlich und wertorientiert zu verhalten als jene, die an ihre Freiheit glauben. Erstere handeln beispielsweise wesentlich aggressiver gegenüber unbekannten Personen, von denen ihnen zuvor mitgeteilt wurde – in einer wiederum kontrollierten Laborsituation –, dass sie sie als Spielpartner für einen weiteren Test abgelehnt hätten (»Wie du mir, so ich dir«); sie sind weniger zuvorkommend (»Das können andere machen, ich bin mit mir beschäftigt und habe nichts davon, mit anderen zu teilen«); sie verhalten sich in Gruppensitzungen auch wider besseres Wissen angepasster (»Mir ist wichtiger, was andere sagen, ich brauche ihre Anerkennung, weil ich mich dann besser fühle. Also stimme ich ihrem Urteil zu, obwohl ich es eigentlich nicht teile«), sind also anfälliger für Mitläufertum und Konformismus als Versuchspersonen, denen man zuvor glaubhaft machte, sie wären willensfrei und selbstverantwortlich. Sie sind weniger kooperativ, wenn es darum geht, auf Bitte des Versuchsleiters freiwillig einige Minuten länger als nötig an einer Aufgabe zu arbeiten (»Was kümmert mich der andere, wenn es um mich geht«); sie sind auch weniger hilfsbereit, wenn dem Versuchsleiter scheinbar versehentlich ein paar Stifte aus der Hand fallen – 77 % der Personen, die sich Willensfreiheit zuschreiben, helfen dem Versuchslei-

46 Vohs, K. D., & Schooler, J. W. (2008). The Value of Believing in Free Will: Encouraging a Belief in Determinism increases Cheating. *Psychological Science*, 19 (1), 49–54.

ter; nicht einmal 21 % der Versuchspersonen, die sich unfrei glauben, machen Anstalten, ihm dabei zu helfen, die heruntergefallenen Stifte aufzuheben (»Was geht mich das Unglück anderer an?«).[47]

Dies ist nur ein kleiner Ausschnitt aus einem weitaus größeren Datensatz ähnlicher Versuchsergebnisse. Kontrollanalysen haben zudem bestätigt, dass die genannten Effekte nicht durch andere Faktoren – z.B. Stimmungsunterschiede zwischen beiden Versuchsgruppen – erklärbar sind; auch sind Erwartungseffekte auszuschließen, da nur die Daten jener Versuchspersonen verwertet wurden, die keinerlei Zusammenhang zwischen den Experimenten vermuteten. Zusätzlich weiß man heute aufgrund weiterer Erhebungen, dass die signifikanten Verhaltensunterschiede zwischen beiden Gruppen auch dann bestehen, wenn man die Versuchspersonen nicht zufällig einer Willensfreiheit- oder Determinismusmanipulation zuteilt, sondern von vorneherein Versuchspersonen nach ihrem Glauben oder Unglauben an die eigene Entscheidungsfreiheit auswählt und den jeweiligen experimentellen Situationen aussetzt.

Wenn es daher neben der klinischen und therapeutischen Evidenz eines zusätzlichen empirischen Beweises für die zu Beginn dieses Buches vorgestellte These bedurft hätte, dass unser Selbstbild bedeutenden Einfluss auf unser Verhalten hat, so muss man wohl festhalten: Die Beweislage spricht stark dafür und sie spricht zudem für ganz konkrete, alltagsrelevante Folgen und Auswirkungen dieses Selbstbilds. Was wir uns nicht zutrauen, werden wir nicht erst versuchen. Wenn wir den Menschen unterschätzen, oder versäumen, ihn zu ermutigen, hat das – neben der Verant-

47 Baumeister, R. F., Masicampo, E. J., & DeWall, C. N. (2009). Prosocial Benefits of Feeling Free: Disbelief in Free Will increases Aggression and reduces Helpfulness. *Personality and Social Psychology Bulletin*, 35 (2), 260–268.

wortung, die wir dafür tragen, welches Selbstbild wir dem Menschen vermitteln – einen hohen Preis: für seine eigene Lebensführung ebenso wie für seine Um- und Mitwelt, die unter der Selbstunterschätzung der Möglichkeiten des Betroffenen und seinem daraus resultierenden Egoismus zu leiden hat.

Außerdem bestätigen diese Studien wiederum: Die hehrsten Werte und die besten Vorsätze laufen ins Leere, wenn wir nicht wissen, dass wir sie viel leichter umsetzen können, als wir manchmal bereit sind, uns selbst zuzutrauen. Die gute Nachricht dieser Forschung lautet folglich: Wenn es uns gelingt, den von seiner eigenen Schwäche entmutigten Menschen von seinen Zweifeln an seiner Entscheidungsfähigkeit und Ichstärke zu befreien, dann versetzen wir ihn auch tatsächlich im realistischen Ausmaß in die Lage, eigenständig und selbstverantwortlich zu handeln. Wenn es sein muss, kann er dies sogar mit den und trotz der unangenehmen Begleitempfindungen, die ihn am vernünftigen, selbstverantwortlichen Lebensvollzug hindern wollen, aber: nicht müssen. Freiheit und Verantwortung und die Souveränität des Ichs innerhalb der eigenen Psyche sind also kein Wunschtraum, keine Illusion; aber sie entfalten sich nicht von allein, sondern sind auf unser aktives Zutun ebenso angewiesen wie auf eine realistische Einschätzung unserer Fähigkeiten. So viel zum Einzelnen und seinem Selbstbild.

Es gibt aber noch darüber hinausgehende Folgen des besprochenen Zusammenhangs – und sie betreffen weniger unser Selbst- als unser Menschenbild. So wurden die Versuchspersonen einer weiteren Studie im Rahmen des eben beschriebenen Willensfreiheitsparadigmas gebeten, sich an drei Erlebnisse zu erinnern, in denen andere Menschen sich ihnen gegenüber in freundlicher oder unterstützender Weise verhalten hatten; danach sollten sie auf einer Skala angeben, wie viel Dankbarkeit sie ihren Wohltätern gegenüber empfanden. Das Ergebnis überrascht nur auf den ersten Blick: Die Teilnehmer aus der »unfreien Gruppe« empfanden ihren Wohltätern gegenüber erheblich weniger Dankbarkeit als die »freie Gruppe«.[48] Sich unfrei denkende Menschen unterschätzen demnach also nicht nur sich selbst, sie unterschätzen auch die Fähigkeit und Bereitschaft anderer, etwas selbstlos *für* den anderen zu tun, und vermuten stattdessen hinter der vermeintlichen Wohltat egoistische, eigennützige Motive. Für eine solche letztlich eigennützige und folglich nur vermeintliche Wohltat empfindet man aus naheliegenden Gründen daher auch entsprechend weniger Dankbarkeit. Menschen, die den Glauben an ihr Anderskönnen – die Vollzugswirklichkeit ihrer Freiheit – verloren haben, machen folglich nicht nur regelmäßig die Erfahrung, sich nicht recht auf sich selbst verlassen zu können – sie misstrauen auch anderen.

Der hier nachgewiesene Zusammenhang deckt sich wiederum gut mit den oben diskutierten Beobachtungen aus der Psychotherapie: Manche Patienten scheinen gar nicht mehr in der Lage zu sein, das Gute, das sie empfangen haben, überhaupt als Gutes anzuerkennen. Wie viel leichter fällt es ihnen hingegen, das Negative, das ihnen widerfahren ist, vor einem auszubreiten als Beweis dafür, wie ungerecht die Welt zu ihnen ist und wie berechtigt sie daraufhin sind, sich ihrerseits unfreundlich, enttäuscht, verärgert, resigniert und beleidigt von der Welt abzuwenden. Sie sehen darin einen Grund, ihr eine Absage zu erteilen und blind zu werden für das, was nicht sie von anderen, sondern andere von ihnen erwarten könnten. Das Gute ist ihnen entweder nichts oder es ist ihnen selbstverständlich (s.o.) und damit nicht eigentlich etwas, woran sie sich freuen können, denn sie werten es ab; oder aber sie sind so gefangen und befangen von der Tatsache, dass sie augenblicklich noch Anspruch auf mehr oder etwas anderes erheben zu können glauben, dass sie gar nicht in der Lage sind, zu sehen, wie viele

48 MacKenzie, M.J., Vohs, K.D., & Baumeister, R.F. (2014). You didn't have to do that: Belief in Free Will promotes Gratitude. *Personality and Social Psychology Bulletin*, 40 (11), 1423–1434.

Gründe zur Freude und Dankbarkeit sie bereits haben. Leider fällt es einem zudem schwerer, das gute und freundliche Wirken anderer auch als solches wertzuschätzen, wenn man ihnen zudem noch unterstellt, dass sie gar nicht aus freien Stücken oder in wirklich wohlwollender Absicht gehandelt haben.

Sie stellen den anderen – und im Grunde auch sich selbst – unter den Generalverdacht des Uneigentlichen: Das vermeintlich Gute, das einer ihnen gibt, wäre demnach also eigentlich kein Gutes, sondern bloß ein vergleichsweise umständlicher Weg, um sich selbst zu bestätigen.

Das ist nun aber tatsächlich eine Frage, die wir uns als Nächstes genauer ansehen müssen; genau genommen ist es sogar eine der Kernfragen unserer Untersuchung: Gibt es ein unverfälschtes Wohlwollen eigentlich wirklich, oder unterstellen wir dem Menschen hier womöglich die ganze Zeit, viel besser zu sein (oder zumindest besser sein zu können), als er tatsächlich ist?

Wir haben zwar bereits gesehen, was der Mensch kann. Wir wissen, wie viele Ressourcen ihm zur Verfügung stehen, und wir ahnen, was auf dem Spiel steht. Aber noch müssen wir uns genauer ansehen, was er eigentlich wirklich will. Interessanterweise scheint er genau das nämlich nicht immer recht zu wissen – würde er es nämlich sicher wissen, wäre es auch nicht so leicht, sich selbst und andere unter den Generalverdacht zu stellen, dass das, was man zu wollen vorgibt, und das, was man wirklich will, zwei ganz verschiedene Dinge sind. Diese Frage berührt unser Selbstbild gleichermaßen wie unser Menschenbild – und sie berührt eine weitere zentrale Frage des Menschen: Was ist sein Glück und wie kann er es finden?

Über die Welt zum Ich

Von der schwierigen Frage, was der Mensch will

Wer heute die Sektion »Psychologie und Lebenshilfe« einer gut sortierten Buchhandlung durchsieht, wird bald feststellen, dass ein großer Teil der Buchtitel mehr oder weniger abwechslungsreiche Variationen ein und derselben Frage sind: »Wie werde ich glücklich?« Das ist eine alte Menschheitsfrage, als Forschungsthema taucht sie aber erst seit rund 120 Jahren auf der wissenschaftlichen Landkarte auf. Diese Frage war der damals noch jungen Wissenschaft der Psychologie von Anbeginn an oberer Stelle in ihre Aufgabenliste geschrieben, sie stellte sie aber insbesondere zu Beginn des vergangenen Jahrhunderts in etwas anderer Form – sie fragte nämlich zunächst danach, was die eigentliche Grundmotivation und der eigentliche Antrieb des Menschen sei. Diesem Forschungsunternehmen lag eine durchaus schlüssige Annahme zugrunde: Würde man verstehen, was der Mensch will, würde man auch Kenntnis darüber gewinnen, was er braucht, damit er ein erfülltes Leben führen kann, bzw. was man ihm geben oder ermöglichen sollte, falls sein Leben in der einen oder anderen Form fragwürdig, brüchig, unsicher geworden ist.

Das ganze und zunächst unvorhersehbare Ausmaß der Fragwürdigkeit dieses Forschungsunternehmens wird allerdings erst im Rückblick, ein gutes Jahrhundert später, deutlich sichtbar: Heute blicken wir auf eine schier unübersehbare Vielzahl an psychologischen und psychotherapeutischen Denkschulen, von denen jede ein mehr oder weniger umfangreiches Repertoire an Befunden vorweisen kann, das nahelegt, die jeweilige Schule habe eine – wenn nicht *die* – wesentliche Spur zum Menschen und seinem Weg zum erfüllten Dasein freigelegt. In ihrer Gesamtschau zeigt sich aber, dass die innere Geschlossenheit und Widerspruchsfreiheit dieser Befunde stark zu wünschen übriglässt, weil das Bild nämlich voller heilloser und scheinbar unüberwindlicher Widersprüche ist. Im Grunde sollte uns das vor dem Hintergrund des bisher Erarbeiteten nicht mehr wirklich überraschen: Unsere bisherige Diskussion hat ja gezeigt, dass das Erleben und Verhalten des Menschen nicht statisch, nicht mechanisch und nicht nur ressourcengebunden ist, sondern maßgeblich auch von seinem Eigenbeitrag abhängt.

Zugleich muss man auch eine methodische Tücke dieser Forschung in Rechnung stellen: nämlich, dass – man denke etwa an die eben besprochenen Befunde zur Willensfreiheit – Psychologie und Psychotherapie nicht nur beschreiben, sondern in gewisser Weise immer auch verschreiben und vorschreiben, also primär nicht nur beobachtende, sondern auch maßgeblich auf das Erleben und Verhalten des Menschen zurückwirkende Disziplinen sind. Bemerkenswert ist, dass solche Erwartungseffekte nicht nur bewusst, sondern auch unbewusst wirken können, also mitunter auch psychische Vorgänge kontaminieren, die bewusst gar nicht steuerbar sind.

Deutlich wird dieses Phänomen etwa in der Traumforschung. Es gehört zu den selten beachteten Besonderheiten dieser Forschungsrichtung, dass Patienten orthodoxer Psychoanalytiker überdurchschnittlich häufig von klassisch psychoanalytischen Traumthemen berichten, Patienten adlerianischer Therapeuten hingegen häufig von Trauminhalten, denen es theoriegerecht um Selbstbehauptung, Geltungsstreben und Gruppendynamik zu tun ist, während etwa jungianischen Patienten zur Rollenbesetzung ihrer Träume das gesamte beeindruckende Repertoire archetypischer und mythischer Figuren unserer Kulturgeschichte zur Verfügung steht[49], ein Phänomen, das auch als *doktrinäre Fügsamkeit* bekannt ist.[50]

Für sich allein genommen stellt diese Beobachtung keines der genannten Modelle infrage, wohl aber unterstreicht sie die Tatsache, dass der Versuch, den Menschen als Ganzes und seine Psychologie in einer stimmigen Gesamtschau zu erfassen, bereits dadurch gefährdet ist, dass eine objektive und »reine«, also nicht wiederum rückwirkende und eingreifende Beobachtung des Subjektiven sich als ausgesprochen schwierig erweist.

Was macht uns glücklich und was sagt das über das Leben selbst aus?

Diese Zusammenhänge werden noch brisanter, wenn wir die Suche nach einer angemessenen Motivationstheorie im größeren Kontext ihrer weiteren Implikationen betrachten. Schon die Tatsache, dass der Mensch sich über den Umweg wissenschaftlicher Forschung oder therapeutischer Beratung oder durch die Lektüre von Selbsthilfebüchern erst mühsam die Antwort auf die Frage, was er eigentlich will, erlesen und erarbeiten muss, sagt einiges über den Menschen aus. Es zeugt nämlich von einer grundlegenden Unbestimmtheit, wenn es uns etwa an der Instinktsicherheit der Tiere mangelt, die im Gegensatz zu uns so direkt in ihre Umwelt eingepasst sind, dass sich ihnen schon unter rein biologischen Gesichtspunkten die Frage, was sie eigentlich wollen, gar nicht erst zu stellen scheint.

Vom Menschen ist daher auch zu unterschiedlicher Zeit und

49 Cohen, D. (1952). Expectation Effects on Dream Structure and Content in Freudian Psychoanalysis, Adlerian Individual Psychology, and Jungian Analytical Psychology. *Modern Thought*, 1 (2), 151–159.

50 Ehrenwald, J. (1957). Doctrinal Compliance in Psychotherapy. *American Journal of Psychotherapy*, 11:2, 359–379.

von unterschiedlichen Denkern gesagt worden, er sei ein Mängelwesen, ein noch nicht festgestelltes Tier. Man kann das auch etwas freundlicher formulieren: Die Natur – das Leben, die Existenz – ist mit dem Menschen ein enormes Risiko eingegangen, sie hat ihm einen beachtlichen Vertrauensvorschuss gegeben. Sie gab ihm die Vorstellungsgabe, Dinge und Verhältnisse vorwegzunehmen und zu planen, die es in Wirklichkeit noch nicht gibt; sie gab ihm die Sprache, die es ihm ermöglicht, in Zusammenarbeit mit anderen Menschen Dinge zu tun, die ein Einzelner nie tun und bewerkstelligen könnte, und sie gab ihm zwei freie Hände, die ihn geradezu heraus- und auffordern, etwas zu schaffen, das vorher nicht oder nicht in dieser Weise in die Welt gekommen wäre: Sie befähigte ihn, massiv in den natürlichen Verlauf der Dinge einzugreifen.

Die Natur bzw. die Existenz hat dem Menschen folglich enorme Fähigkeiten in die Wiege gelegt, aber anscheinend keine Anleitung, wie und wofür diese Fähigkeiten am besten einzusetzen sind – bis auf jene Indizien über sein Werden, seine Sterblichkeit, das schier unerschöpfliche Füllhorn der Zuwendung und Liebe sowie seine Freiheitsfähigkeit, die wir im bisherigen Verlauf dieses Buchs diskutiert haben. Dieselbe Vorstellungsgabe und Intelligenz, die uns befähigt, uns Wege zu überlegen, anderen zu helfen, hat uns befähigt, perfide und brutale Waffensysteme zu entwickeln, mit denen wir unfassbares Leid über dieselben Menschen bringen und letztlich sogar die Grundlage unseres Überlebens – die Natur selbst – gefährden können. So steht also ein immenses Repertoire an Fähigkeiten der Entscheidungsfreiheit darüber, wie diese Fähigkeiten einzusetzen sind, gegenüber.

Die an die und von der Psychologie gestellte Frage, was der Mensch will, endet daher im Grunde auch nicht beim Menschen selbst, sie reicht vielmehr weit über die Psychologie hinaus. Sie geht genau genommen nicht nur den Menschen etwas an, sondern auch das Leben selbst.

Denn davon ausgehend, dass wir auf der Suche nach der

Grundmotivation des Menschen fündig werden können, sagt die jeweilige Theorie auch schon implizit, dass die Natur uns die bisweilen als fehlend beklagte Bedienungsanleitung für ein innerlich erfülltes Leben eigentlich doch gegeben hat – man muss sie bloß finden, indem man erkundet, was dem Menschen guttut, was sein Leben gelingen lässt. Stimmt diese Analyse, dann scheint es, als hätte das ganze komplexe Evolutionsgeschehen des Menschen auch zur teilweisen Selbstoffenbarung des Lebens geführt. Was bedeutet das konkret? Abhängig davon, was wir als Grundmotivation des Menschen beschreiben, beschreiben wir damit stets auch, auf welches Ziel hin oder aus welchem Grund uns diese Vielzahl an Fähigkeiten unter gleichzeitig größtmöglicher Entbundenheit von äußeren und inneren Umständen mit auf den Lebensweg gegeben wurde.

Insofern sind Menschenbild und Weltbild kaum glaubhaft voneinander zu trennen. Einfacher gesagt: In dem Moment, in dem eine Motivationstheorie sich als universell gültig erweist, wissen wir nicht nur, was der Mensch will – das ist ja der Inhalt einer solchen Theorie –, sondern auch, wozu und auf was hin der Mensch mit seinem vergleichsweise freien Eigenschaftsprofil in dieser und keiner anderen Form in die Welt gestellt ist; warum die Natur also dieses unerhörte Risiko des Menschen überhaupt eingegangen ist.

Ein Weg, sich dem anzunähern, wäre etwa, auf jene Eigenschaften und Fähigkeiten zu blicken, die nur in und aus relativer Freiheit entstehen können, und zugleich festzustellen, dass dies allem Anschein nach auch genau jene Eigenschaften und Fähigkeiten sind, von denen sich in der bisherigen Analyse gezeigt hat, dass sie ohnedies in vielerlei Hinsicht den klassischen Determinismus der übrigen Natur auszuhebeln scheinen. Man denke etwa an das Füllhorn der Zuwendung, Zuneigung, Liebe, Freundschaft und des Interesses: Diese Phänomene entfalten sich tatsächlich nur im Medium der Freiheit, also braucht ihr Zustandekommen Freiheit. Dasselbe gilt auch für die Sinnmotivation, von der wir bisher ebenfalls feststellen konnten: Auch sie ist auf das Medium der Freiheit angewiesen, ebenso wie die Verantwortung und im Grunde sämtliche exklusiv menschliche Phänomene, die mit unserem Gestaltungswillen einhergehen: Kultur, gezielte Aufmerksamkeit und Interesse, Anteilnahme, Verstehen und Erfassen usw. Was immer wir also über den Menschen sagen, sagen wir auch über die Welt – er ist ja gleichermaßen Produkt und Teil der Welt und zugleich in der Lage, auf diese Welt einzuwirken und durch sein eigenartiges Fähigkeitsprofil Dinge in die Welt zu bringen, die andernfalls nie geworden wären.

Es ist vermutlich unter anderem dieser komplexen Wechselwirkung zwischen Menschen- und Weltbild geschuldet, dass die Antworten auf die Frage, was den Menschen antreibt, so extrem vielfältig und widersprüchlich ausfallen. Das wäre an sich auch nicht weiter problematisch – wenn nicht die Psychologie und auch einzelne Denkschulen innerhalb der Psychologie einer Versuchung erlegen wären, der historisch gesehen früher oder später nahezu jede wissenschaftliche Disziplin einmal erliegt oder bereits erlegen ist. Es ist dies der Versuch, eine für ein Einzelphänomen stimmig und einleuchtend scheinende Formel aus ihrem Kontext zu nehmen und auf mehr Phänomene anzuwenden, als eigentlich für diese Formel bestimmt gewesen sind. An sich ist das wissenschaftlich eine legitime Methode: Hat man ein Einzelphänomen mit einer relativ einfachen Formel erklärt, so liegt es nahe, auszutesten, ob dieselbe Formel nicht auch benachbarten Einzelphänomenen gerecht werden kann. In den Naturwissenschaften bestätigt sich dieses Prinzip immer wieder.

Problematischer ist es – und zwar schon deswegen, weil das Studienobjekt aufgrund seiner Freiheit in dieser Hinsicht so problematisch ist –, wenn man in dieser Weise menschliches Erleben und Verhalten (und damit auch unser Weltverständnis) in bestimmte Theorien zu zwängen versucht – und zwar auch solches Erleben und Verhalten, das sich zunächst einer derartigen Vereinnahmung widersetzt, weil es bereits von seiner Natur und seinen Grundeigenschaften her den Determinismus, der jedem kausalen Ansatz notwendig innewohnt, zu sprengen scheint.

Um das zu illustrieren, nehme man etwa die Entwicklung der Biologie zum Biologismus. Es besteht heute Konsens darüber, dass ein Prozessgeschehen aus Vielfalt, Adaptivität und Auslese der Entwicklungsmechanismus der Entstehung der Arten ist. Diese Formel (mehr Nachkommen, hohe Variabilität der Nachkommenschaft, Durchsetzen und erfolgreicheres Vermehren der adaptivsten Varianten) erklärt so viel mit so wenig – das ist in der Regel ein Merkmal der Güte eines wissenschaftlichen Modells –, dass es auf der Hand liegt, sie auch auf andere komplexere Phänomene zu übertragen. Tatsächlich zeigt sich, dass sie zum Beispiel in etwas abgewandelter Form ebenso auf den Wettbewerb der Ideen anwendbar ist[51], wie z. B. auf einige zentrale Aspekte der wirtschaftlichen Entwicklung.[52]

Weniger auf der Hand liegt aber, wie zum Beispiel altruistisches Verhalten ausgerechnet mit einer Formel erklärt werden sollte, die die Durchsetzung des Stärkeren gegen den Schwächeren als zentrales Entwicklungsmoment betrachtet. Weil bloße Beobachtung in diesem und ähnlichen Fällen nicht immer weiterhilft, muss die *Theorie* diese Erklärungslücken füllen – der Erklärungsweg ist somit nicht mehr evidenzbasiert (biologisch), sondern theoriegeleitet (biologistisch). Nur so ist es dann beispielsweise möglich, dass altruistisches Verhalten unter dem Blickwinkel des Biologismus sich letzten Endes als dennoch durch das Ausleseprinzip getragenes Verhalten erweisen soll, mithin also gar nicht altruistisch ist, sondern bloß so scheint, als ob: Es wird also unter-

51 Mesoudi, A. (2011). *Cultural Evolution: How Darwinian Theory can explain Human Culture and synthesize the Social Sciences.* Chicago: University of Chicago Press.

52 Nelson, R. R., & Winter, S. G. (2009). *An Evolutionary Theory of Economic Change.* Harvard: Harvard University Press.

stellt, es handle sich um *uneigentliches* Verhalten.[53] Es wird aber leider schnell vergessen, manchmal auch gar nicht erst explizit dargelegt, dass ein solcher Generalverdacht des Uneigentlichen gar nicht mehr auf Beobachtungsdaten beruht, sondern auf der Vorentscheidung, welche Arten von Phänomenen innerhalb einer bestimmten Theorie oder Lehre zulässig vorfindbar sein dürfen. Mit anderen Worten: Der Reduktionismus bestätigt sich selbst mitunter auch dann noch, wenn die Beobachtungsdaten eigentlich ganz andere Schlussfolgerungen nahelegen würden: Passen die Beobachtungen nicht recht zur Theorie, wird daher nicht die Theorie angepasst, sondern das Beobachtete passend gemacht – etwa, indem es als unecht »entlarvt« werden soll. Es verhält sich hier also ähnlich, wie jene auf den Determinismus geeichten Versuchspersonen unfähig zur Dankbarkeit werden, weil sie ihren Wohltätern eigentlich eigennützige Motive unterstellen.

Dieses Prinzip der Unterstellung erklärt vielleicht auch, wie etwa – um ein anderes reduktionistisches Modell zu benennen – Sigmund Freud ganz bedenkenlos den ja relativ einfachen psychoanalytischen Algorithmus eines immerwährenden Konfliktgeschehens zwischen Ich, Es und Über-Ich auf so weitläufig unterschiedliche Phänomene anwenden zu können glaubte wie auf die Kunstgeschichte, die Literaturgeschichte, die Philosophie, den Humor, die Religion usw. Was sich bei genauerer Betrachtung bisweilen schon beinahe wie eine Karikatur des Reduktionismus ausnimmt, soll die tatsächliche Komplexität und intellektuelle Tiefe der Psychoanalyse nicht schmähen. Der Schlüssel findet sich daher auch weniger in der zugrunde gelegten psychodynamischen Theorie als im Versuch, derart unterschiedliche Phänomene unter den Generalverdacht psychischen Druckablassens zu stellen: Sie sind »nichts anderes als«, und es ist mitunter

53 Batson, C. D. (1987). Prosocial Motivation: Is it ever truly altruistic? *Advances in Experimental Social Psychology*, 20, 65–122.

recht beliebig und bloß Frage der jeweiligen Vorliebe für die eine oder andere Theorie, was auf diese Worte folgt: Aus Sicht eines orthodoxen Adlerianers etwa mag politischer und sozialer Gestaltungswille nicht eigentlich Gestaltungswille, sondern Ausdruck unseres Geltungsstrebens sein. Ein Mensch sucht demnach nicht nach Einfluss, um einer als wertvoll erkannten Idee oder einem Friedensprojekt oder dergleichen zur Verwirklichung zu verhelfen, sondern in erster Linie, um sein Geltungsstreben zu befriedigen. Er braucht also nicht Macht und Einfluss für die gute Sache, sondern er gebraucht die gute Sache, um sich Macht und Einfluss zu verschaffen – die gute Sache ist dann allerdings keine gute Sache mehr, sondern Alibi unseres Egoismus. Befragen wir aber den Betroffenen, so wird er dem natürlich nicht zustimmen – und vor dem Hintergrund der jeweiligen psychologischen Theorie ist sogar noch sein »Leugnen« Hinweis auf oder Beweis für die Richtigkeit der Theorie: denn seine tatsächlichen Motive sind ja unbewusst. Sein Leugnen ist demnach nur noch verstärkender Hinweis darauf, dass er kompensiert oder sublimiert.

Man muss allerdings hinzufügen, dass nur noch wenige psychologische Theorien einem derart radikalen und zugleich wissenschaftlich fragwürdigen Reduktionismus anhängen – nur noch wenige psychologische Schulen bestehen heute darauf, nahezu alles menschliche Streben und Tun als etwas Uneigentliches zu betrachten, hinter dessen Maske bloße Trieb- oder sonstige Psychodynamiken und Egozentrismen wirken sollen. In der Populärpsychologie halten sich diese Theorien jedoch umso beharrlicher und ihre Wirkung ist, man kann es sich vor dem Hintergrund der oben zitierten Studien zur Willensfreiheit ausmalen, fatal. Es fällt jedenfalls auf, dass uns Begriffe wie Verdrängung, Neurose, Kompensation, Fehlleistung und Komplex im zeitgenössischen Diskurs über den Menschen manchmal leichter über die Lippen kommen und weniger verdächtig erscheinen als Worte wie Idealismus, Hoffnung, Heilbarkeit der Welt, Willensfreiheit, Sinn und Verantwortung.

Reduktionismus im Hospiz

Dazu ein Beispiel, um die praktischen Auswirkungen dieser postmodernen Skepsis zu illustrieren: Vor einigen Jahren war ich in der Nähe von Hamburg zu einer Tagung zur psychologischen und seelsorglichen Betreuung Sterbender in einem Hospiz eingeladen. Die Mitarbeiter, darunter zahlreiche Freiwillige und Ehrenamtliche, berichteten auf dieser Tagung von ihrer Arbeit mit und für Sterbende. Die Leiterin des Hospizes erzählte in ihrem sehr persönlich gehaltenen Eröffnungsvortrag unter anderem, dass sie, als sie vor einigen Jahren ihre Stelle zunächst zögernd angetreten hatte, noch gar nicht wissen konnte, wie viel sie ausgerechnet von Sterbenden für das Leben lernen würde – eine Einsicht, die viele, die im Hospiz arbeiten, bestätigen. Aber hätte sie diesen Satz doch nur nicht an diesem Tag ausgesprochen! Denn während des darauf folgenden Workshops nahm sich ein tiefenpsychologisch geschulter Therapeut und Seminarleiter die Leiterin wie folgt vor: Wie sie diesen Satz gemeint habe, wollte er wissen, und ob sie damit nicht eigentlich eine uneingestandene große Angst vor dem Sterben und vor allen Dingen vor den Sterbenden verraten hätte. Er äußerte vielmehr die Vermutung, dass die Tatsache, dass sie die Leitung dieses Hospizes übernommen habe, einen Versuch darstelle, das Sterben zu kontrollieren, es, wie er sagte, zu »managen«.

Die Leiterin des Hospizes blickte den Therapeuten zunächst erstaunt an und verneinte – sie erwiderte, dass sie als gläubiger Mensch große Achtung vor dem gesamten Themenbereich Tod und Sterben empfinde und ihr nicht im Traum der Gedanke in den Sinn gekommen sei, sie würde Angst vor den Sterbenden haben oder deren Sterben gar »beherrschen« wollen – vielmehr widme sie den Großteil ihrer Zeit und auch ihrer Freizeit der Frage, wie sie den ihr anvertrauten Patienten die letzten Lebenswochen und -tage so friedlich und schön wie nur möglich machen könne. Und, fügte sie hinzu, sie sehe jeden Tag, dass ein mit der

Familie und den Liebsten versöhnter Tod möglich sei – das sei eine der Lektionen, von denen sie während ihres Eröffnungsvortrages gesprochen habe: die Bedeutung der Versöhnung, das Erledigen und Abschließen des Offenen, Unerledigten und Unabgeschlossenen.

So leicht ließ sie der Therapeut aber nicht davonkommen. Er erwiderte ungefähr Folgendes – ich gebe das aus dem Gedächtnis wieder: »Es kann ja sein, dass Sie das wirklich glauben. Ich hätte auch gar nicht erwartet, dass Sie mir etwas anderes sagen.« Dann wandte er sich von der Leiterin ab und anderen Mitarbeiterinnen des Hospizes zu. Auch sie kamen nicht viel besser weg. Bald hatte es dieser Therapeut geschafft, mehr oder weniger die gesamte Belegschaft des Hospizes unter den Generalverdacht der Todesangstverdrängung gestellt und zugleich gegen sich aufgebracht zu haben, was er wiederum als Widerstand und nach einer schwindelerregenden argumentativen Pirouette somit auch als Bestätigung seiner Theorie deutete.

Im darauf folgenden Gespräch sagte mir der Therapeut auf meine Nachfrage, dass er die Leiterin des Hospizes erst an diesem Morgen zum ersten Mal gesehen und gesprochen habe; davor hatte er mit ihr lediglich die Daten, die Abgeltung seiner Reisekosten und das Honorar seines Seminars per E-Mail ausgehandelt. Er wusste also buchstäblich nichts über sie außer der Tatsache, dass sie dieses Hospiz leitete und ihn im Rahmen der Institutstagung zum Abhalten eines Workshops eingeladen hatte. Aber er war überzeugt davon: Da sie doch wusste, welchem therapeutischen Gedankengut er sich verpflichtet fühlte, hätte sie doch auch ahnen müssen, dass er ihre Arbeit sehr wahrscheinlich in dieser und keiner anderen Weise deuten würde. Folglich sah er sich in seinem Verdacht bestätigt, dass die Leiterin uneigentliche – also ganz andere, uneingestandene – Motive hatte, und daher wäre er auch am besten (ein aufschlussreicher Superlativ) dazu geeignet gewesen, mit seiner »Diagnose« ihre eigentlichen Motive zu »entlarven«.

Nun war ich allerdings noch neugieriger geworden, denn vor meinen Augen entfaltete sich gewissermaßen die Kurzfassung eines der großen historischen Ideenstreite der Psychologiegeschichte des vergangenen Jahrhunderts: des Widerstreits zwischen der tiefenpsychologischen Entlarvungs- und Deutungshoheit »unbewusster Motive« einerseits und der Würdigung echten menschlichen Engagements und Einsatzes etwa durch existenzielle psychologische Denktraditionen auf der anderen Seite. Also fragte ich in der nächsten Tagungspause die Leiterin, wie es denn wirklich dazu gekommen war, dass sie den Referenten eingeladen hatte. Aber die Leiterin lachte nur und meinte, das habe sie sich auch schon den ganzen Tag gefragt. Der Sohn eines ihrer Patienten habe ihr die Bücher des Seminarleiters empfohlen, sie habe aber bisher nicht die Zeit gehabt, sich diese Bücher näher anzusehen (und hatte das nun auch nicht mehr vor). Da aber der Sohn in den höchsten Tönen von den Arbeiten dieses Therapeuten gesprochen hatte, hatte sie – nachdem ihr mehrere von ihr ursprünglich bevorzugte Referenten aus Termingründen abgesagt hatten – diesen Therapeuten als Referenten eingeladen.

Die Mutmaßungen des Therapeuten waren also gänzlich falsch: Er war nicht in einem Anflug unbewusster Ehrlichkeit eingeladen worden, um aufzudecken, was an uneigentlichen Motiven sich hinter der Maske der Hilfsbereitschaft und Fürsorge verbarg; die Leiterin war vielmehr schlichtweg zu beschäftigt gewesen, um sich seine Werke genauer anzusehen. Es braucht aber nicht viel Fantasie, um sich vorzustellen, wie eine weniger sinnmotivierte Person auf eine so zweifelhaft begründete, abwertende »Diagnose« reagieren hätte können – nämlich zutiefst verunsichert und an ihren eigenen Motiven und ihrem Idealismus zweifelnd, und vor diesem Hintergrund vermutlich auch weniger sicher und selbstlos mit den ihr anvertrauten Patienten umgehend.

Es ist tatsächlich sehr leicht, auf diese Weise ganze Teufelskreise der Verdächtigungen, der Unterstellung unlauterer oder unbewusster Motive, des daraus resultierenden Zweifels, der diesem

Zweifel folgenden Verunsicherungen, die wiederum Zweifel auslösen usw., in Gang zu setzen – also per Generalverdacht ein im Prinzip intaktes, gesundes, an Sinnbezügen reiches Selbst- und Menschenbild zu unterminieren und zu gefährden. Viktor Frankl berichtete etwa in seinen Vorlesungen regelmäßig von einer ganz ähnlichen Begebenheit (bei dem folgenden Zitat handelt es sich um meine eigene Mitschrift, also nicht um eine wortgenaue Wiedergabe):

> Da gab es ein amerikanisches Ehepaar, das ehrenamtlich im Rahmen des Peace Corps in Afrika arbeitete. Sie taten dort selbstlos ihren Dienst und hatten dafür ihre Karriere für zwei Jahre zurückgestellt. Das war ihnen, so dachten sie, ein inneres Anliegen. Am Ende dieser zwei Jahre waren sie allerdings zutiefst frustriert. Was war passiert? Es hatte so begonnen: Alle, die beim Peace Corps arbeiteten, wurden psychologisch betreut; diese psychologische Betreuung hätte – so war es jedenfalls gedacht – eine Hilfe und eine Unterstützung für die ehrenamtliche Arbeit sein sollen. Drei Monate lang kam die Gruppe von freiwilligen Helfern regelmäßig in einer Art Gruppentherapie zusammen. Und die lief nun wie folgt ab: Der Psychologe fragte die Teilnehmer: »Nun, Sie sind also dem Peace Corps beigetreten. Aber – *warum* sind Sie eigentlich dem Peace Corps beigetreten? Warum wollen Sie hier mitarbeiten?«
>
> Darauf das Ehepaar: »Wir haben uns gedacht, es wäre doch wichtig, Menschen beizustehen und zu helfen, die weniger Möglichkeiten und Mittel haben als wir.«
>
> Darauf der Psychologe: »Aber dann werden Sie ja wohl auch zugeben, dass Sie denen gegenüber, denen Sie helfen, überlegen sein müssen.«
>
> Ehepaar: »Nun ja – wir müssen schon das nötige Knowhow haben. So gesehen stimmt das natürlich irgendwie …«
>
> Darauf der Psychologe: »Dann werden Sie aber auch zu-

geben, dass tief in Ihrem Unbewussten der Drang sein muss, anderen Leuten zu zeigen, dass Sie die Überlegenen sind.«

Ehepaar: »Mein Gott, wir haben das noch nie von dieser Warte aus betrachtet. Aber – Sie sind der Psychologe, Sie werden schon recht haben.«

Und so ging es dann drei Monate hindurch – bis in dieser »Gruppentherapie« die ganze Selbstlosigkeit und Hilfsbereitschaft zerredet, zerstört und der ganze Idealismus dieser Freiwilligen vertrieben war.

Die Leute haben sich nach diesen drei Monaten – wie bei einer künstlich erzeugten Zwangsneurose – nur noch selbst beobachtet und sich selbst befragt: »Was war jetzt wieder mein eigentliches unbewusstes Motiv? Warum habe ich jetzt so und nicht anders gehandelt?« Und das Schlimmste war wohl, dass die Mitarbeiter der Gruppe auch hintereinander her waren und bei jeder Tat gefragt haben: »Und – was war jetzt dein eigentliches Motiv? Warum hast du das jetzt wieder gesagt? Was hat dein Unterbewusstsein hier wieder mitgeteilt?«

Am Ende waren die Leute erschöpft, entmutigt, verärgert – und haben bedauert, dass sie überhaupt je am Peace Corps teilgenommen haben. Der Psychologe hatte vor lauter Analyse etwas Grundlegendes zerstört: die Überzeugung dieser Menschen, ihren Idealismus. Den hätte er aber nicht zerlegen, hinterfragen brauchen, weil er echt gewesen ist. Er zerlegte ihn dennoch; und damit hat er ihn zerstört.[54]

Nun bleibt es meist nicht nur bei derartigen Unterstellungen oder Verdächtigungen, und sie selbst sind auch weniger das Problem als wiederum der hier zugrunde liegende Reduktionismus, der die

54 Frankl, Viktor E. (1996). *Logotherapie und Existenzanalyse in Theorie und Praxis.* Universitätsvorlesung am 16. Oktober 1996, Kliniken am Südgarten, Universitätsklinik für Psychiatrie, Wien. Mitschrift A. B.

These in den Raum stellt, eine psychologische Theorie, die – falls überhaupt – einen begrenzten Gültigkeitsbereich hat, erkläre nicht nur diesen begrenzten Gültigkeitsbereich, sondern pauschal und insgesamt alles oder das meiste menschliche Erleben und Verhalten – und insbesondere auch jene »rätselhaften«, weil unter triebdynamischen, mechanistischen und reduktionistischen Gesichtspunkten schlichtweg zweifelhaft erscheinenden Phänomene wie Sinnsuche, Selbstlosigkeit, Fürsorge, existenzielle Großzügigkeit und Idealismus.

Es sind auch nicht nur psychodynamische Theorien, denen im Laufe der Geschichte oder der Gegenwart eine solche Kompetenzüberschreitung unterläuft.

Der radikale Behaviorismus etwa hat zumindest bis ungefähr Mitte des vergangenen Jahrhunderts eine zwar ganz anders begründete, aber ebenso umfassende und abschließende Gesamttheorie menschlichen Erlebens und Verhaltens unter das Volk gebracht, die alles Verhalten eines Menschen vollständig und ohne verbleibenden Rest eines personalen Eigenbeitrags als notwendige Folge der vorhergehenden Lerngeschichte beschrieb. Heute sind es aber in erster Linie neurophysiologisch begründete Theorien, die als Dreh- und Angelpunkt all unseren Erlebens, Entscheidens und Verhaltens herhalten sollen. Unter dem Gesichtspunkt der Motivationstheorie wird dann etwa gemutmaßt, dass bestimmte für emotionale Wohl- oder Missempfindungen zuständige Hirnareale, insbesondere im limbischen System, uns angesichts bestimmter Stimuli oder Handlungsmöglichkeiten durch affektive Einflüsterungen bewegen, uns in dieser oder jenen Weise zu entscheiden und zu handeln.[55]

55 Batthyány, A. (2009). Mental Causation and Free Will after Libet: Reclaiming Conscious Agency. In: Batthyány, A., & Elitzur, A. (2009). *Irreducibly Conscious. Selected Papers on Consciousness.* Heidelberg: Universitätsverlag Winter, S. 135 ff. Für eine kritische Diskussion des neuen Neurodeterminismus, siehe auch: Hasler, F. (2012). *Neuromythologie: Eine Streitschrift gegen die Deutungsmacht der Hirnforschung*. Bielefeld: Transcript.

Der hier skizzierte Katalog an Theorien und Modellen menschlichen Erlebens und Verhaltens ist nicht einmal annähernd vollständig. Darum geht es an dieser Stelle auch weniger, als vielmehr darum, auf einen für unsere Diskussion grundlegenden Sachverhalt hinzuweisen.

Der Mensch ist kein Ding, sondern eine lebendige Person und somit tatsächlich wesentlich vielschichtiger, als einfache kausale Modelle erfassen können. Denn in dem Maße, in dem diese Modelle stets nur psychologische oder physiologische Prozesse beschreiben, beschreiben sie jeweils etwas am Menschen, aber sie beschreiben, sofern sie die Person auf diese Prozesse reduzieren, auch den Menschen als *Etwas*, und nicht mehr als ein *Jemand*. Sie verlieren, mit anderen Worten, auf dem Weg zur Person die Person selbst und beschreiben letztlich nur noch subpersonale Prozesse, die in mechanischer Weise auf diese oder jene Weise wirken sollen. Allerdings ist eine Erklärung, die ihr Phänomen verliert, keine Theorie zu diesem Phänomen mehr. Entweder wird eine Theorie der Person der Tatsache gerecht, dass Personen *qua* Selbstbewusstsein, Freiheit und Verantwortung mehr sind als nur eine Sammlung psychologischer Prozesse; dann ist sie aber nicht mehr subpersonal. Oder sie ist subpersonal – dann ist sie allerdings keine Theorie der Person mehr.

Wir müssen also etwas weiter ausholen – und auch, wenn hier nicht der Ort ist, um die Ontologie der Person im Einzelnen auseinanderzusetzen, können wir doch für den Moment Folgendes festhalten: Eine Theorie der Person – und damit ein Menschenbild, das den Menschen wirklich in seiner ganzen Größe erfasst – kann nicht dort enden, wo sämtliche psychologischen Faktoren immer noch bloß subpersonale Ursachen und Prozesse in Anschlag bringen, nicht aber das Geistige oder Personale am Menschen.

Man kann diesen Sachverhalt auf vielerlei Weise herleiten – am offenkundigsten aber an jener eigentümlichen Freiheit, die den Menschen befähigt, auch noch seiner eigenen psychologischen

Bedingtheit gegenüber Stellung zu nehmen: Denn der Mensch ist, so zeigen unsere bisherigen Befunde, in der Tat nicht nur Glied, sondern seinerseits Anfang von Kausalketten. Er kann sogar *qua* Entscheidung aus Kausalketten austreten und vermeintlich physisch und psychologisch vordeterminierte Ereignisabfolgen abwenden, ändern, gegebenenfalls sogar stoppen.

Mit diesen Fähigkeiten lässt sich für den Menschen aufgrund seines im Vergleich zur restlichen belebten Natur außergewöhnlichen Eigenschaftsprofils eine ganz eigene Seinsweise herleiten, für die die philosophische Tradition seit jeher den Begriff des Geistigen, Personalen – oder, mit Viktor Frankl gesprochen: den Begriff der geistigen Person *vis-à-vis* dem bloß Psychischen aufbrachte. Tatsächlich liegt nahe: Die Person ist mehr als nur das Gesamt an psychischen Prozessen – andernfalls wäre sie ja gar nicht in der Lage, sich diesen Prozessen und ihrem eigenen Erleben noch gegenüberzustellen. Die Person ist wesensmäßig zudem mehr als nur Verursachtes, andernfalls wäre sie nicht in der Lage, selbst aus guten Gründen als Ursache in die und in der Welt zu wirken. Man kann das anders wenden: Der Mensch als unbedingtes Subjekt *hat* psychische und kognitive Prozesse; aber er *ist* geistige Person – und erst als geistige Person ist er jemand und nicht nur etwas: eine geistige Person, die seelische und körperliche Zustände erlebt und gegebenenfalls über diese verfügen kann, die sich sogar entscheiden kann, sich ihnen gegenüberzustellen.

Kurz: Alles das, was uns bisher als wesentlich menschlich auffiel, wies zugleich über ein bloßes deterministisches und determinierendes psychologisches Kräftespiel hinaus. Es zeigte uns den Menschen als ein Wesen, welches auf ganz eigentümliche Weise gleichermaßen bedingt und unbedingt ist und stets auch über sich selbst hinaus auf die Welt weist: bedingt in seiner körperlich-seelischen Verfasstheit; unbedingt aber in seiner Fähigkeit, zu dieser Verfasstheit Stellung zu nehmen kraft der Vollzugswirklichkeit seiner Freiheit. Dieses Wesen ist offen für Sachverhalte, die außerhalb seiner selbst liegen. Viktor Frankl hat diese Zusammenhänge wie folgt dargelegt:

> In letzter Instanz entscheidet [...] die (geistige) Person über den (seelischen) Charakter, und in diesem Sinne ließe sich sagen: »Sich« entscheidet der Mensch: alle Entscheidung ist Selbstentscheidung, und Selbstentscheidung allemal Selbstgestaltung. Während ich das Schicksal gestalte, gestaltet die Person, die ich bin, den Charakter, den ich habe – gestaltet »sich« die Person, die ich werde.[56]

Wenn das Ich die Welt aushungert

So viel zum Sein des Menschen – aber noch immer bleibt die Frage nach seinem Wollen offen. Denn auch, wenn wir mit der Würdigung des Geistigen bzw. Personalen den Determinismus überwinden, ist offen, was unser Wollen und Streben wenn schon nicht determiniert, so doch zumindest in bestimmte Richtungen lenkt. Nun zeigt sich aber: An diesem Punkt bieten die unterschiedlichen Theorien zwar unterschiedliche Antworten, aber es gibt doch zugleich auch eine selten hinterfragte Gemeinsamkeit. Alle diese Theorien ruhen in der einen oder anderen Form auf dem Fundament derselben Mechanik, die sich in unserer bisherigen Diskussion, gestützt durch empirische Befunde, als Irrweg und Mythos entlarvte. Wenn man daher den gemeinsamen Nenner dieser Theorien sucht – so unterschiedlich diese Theorien auch sein, sosehr sie auch im Widerspruch zueinander stehen mögen –, so wird man schnell fündig. Schon die Ausgangshypothese – um zu verstehen, was dem Menschen fehlt, müssen wir

56 Frankl, V. E. (2010). *Logotherapie und Existenzanalyse. Texte aus sechs Jahrzehnten.* Weinheim: Beltz, S. 97.

verstehen, was der Mensch will – befasst sich nämlich ausschließlich mit dem Menschen selbst, als wäre der Mensch ein isoliertes Phänomen der Welt und nicht auch ihr Kind und Teilnehmer. Schon die Ausgangsfrage unterstellt also einen Mangel an der Echtheit seiner Hoffnung, seiner Werte, seines Gewissens und insinuiert, dass die Welt bloß Mittel zum Zweck der Bedürfnisbefriedigung sei – gleichgültig, welcher konkrete Mechanismus dann vorgeschlagen wird.

Das Problem liegt folglich womöglich weniger in der Antwort als in der Frage: Es wird nicht etwa gefragt, *wozu* der Mensch seine Fähigkeiten, seine Wahrnehmungs- und Vorstellungsgabe, sein Wertegefühl, sein Gewissen, in und für etwas oder jemanden in der Welt einsetzen könnte. Die Ausgangsfrage lautet vielmehr, was der Mensch tun muss, um aus einem Gefühl des inneren Defizits, aus Unbehagen und Unwohlsein, herauszufinden. In diesem *Was* soll Aussicht auf Entspannung, soll Bedürfnisbefriedigung und letztlich Glück oder zumindest Zufriedenheit, Arbeitsfähigkeit und Lustfähigkeit liegen. Motivation, also das Grundstreben des Menschen, hieße in diesem Fall letztlich nichts anderes als die Suche nach dem, was *uns* ein Gefühl der Zufriedenheit gibt. Da aber echter Idealismus und echte Anteilnahme schon *a priori* aus dieser Gleichung gestrichen wurden, ist es auch kaum überraschend, wenn sie das dann folgende reduktionistische Projekt nicht überleben, sondern schlichtweg einplaniert und als *uneigentlich*, also letztlich ichbezogen, »entlarvt« werden.

Das Bild, das hier vermittelt wird, deckt sich zugleich auffällig mit der zeitgenössischen provisorischen Daseinshaltung: Weil die Welt einen nicht besonders viel angeht, sind auch die Dinge und Personen in der Welt nicht das eigentliche Ziel unseres Handelns – denn wenn unser Handeln tatsächlich jeweils im Dienst der Wiederherstellung jenes ersehnten inneren Gleichgewichts oder der Bedürfnisstillung steht, so meint unser Handeln eigentlich nicht den anderen oder das Objekt in der Welt, sondern immer und jeweils sich selbst. Dieses Subjekt tritt an die Stelle des Objekts.

Echte Hoffnung, der Wille zum Sinn (Frankl) und uneigennütziger Idealismus haben in einer solchen Welt keinen angestammten Platz – und das ist nicht nur ernüchternd, sondern stellt, wenn man es genauer betrachtet, abseits aller methodischen Probleme einer reduktionistischen Psychologie, ein eigenständiges gewichtiges Argument gegen ihre Gültigkeit dar. Denn eine Welt, die sich vergleichsweise begabte und mächtige Geschöpfe leistet, die aber letztlich alle nur an sich selbst und ihre Bedürfnisse denken, wäre eine Welt ohne Rücksicht, ohne soziale Treue, ohne Kooperation. Eine Welt ohne Kooperation jedoch wäre eine Welt ohne Bestand. Sie wäre fortwährend gefährdet – und eine Spezies wie der Mensch, dessen Nachkommen ohne Zuwendung nicht einmal wenige Tage in freier Wildbahn überleben könnten, wäre vermutlich längst ausgestorben. In der Philosophie bezeichnet man ein solches Resultat als eine *reductio ad absurdum*: Eine Theorie, die gelingendes menschliches Leben durch Mechanismen erklären will, die menschliches Leben an sich und seinen Lebensraum derart grundlegend gefährden, ist offenkundig keine besonders tragfähige Theorie. Ebenso ist eine Theorie zur Beziehung von Person und Welt, die zuerst die Person verliert (indem sie das Jemand durch ein Etwas ersetzt) und anschließend die Welt (indem sie sie zum bloßen Mittel zum Zweck subjektiver Bedürfnisse degradiert), offensichtlich höchst fragwürdig.

Nun kann man an dieser Stelle einwenden, dass das Projekt »Motivationstheorie« ja eigentlich weniger *a priori* darauf aus ist, einen Reduktionismus vorzulegen, als vielmehr ein Verständnis dessen zu erarbeiten, was wir eigentlich wollen und was uns Erfüllung schenkt. Und – geläutert von dem Gedanken, dass eine solche Bedürfnistheorie notwendig reduktionistisch sein müsse – könnten wir zumindest geneigt sein, einen Kerngedanken zu bewahren und diesen nun genauer zu untersuchen: nämlich, der Mensch handele so, oder solle doch zumindest so handeln, dass er sein eigenes Glück und sein Glücksempfinden im Auge behalte.

Interessanterweise ist aber gerade diese Frage, ob das Im-Auge-Behalten des eigenen Glücksempfindens als solches und in dieser direkten Form überhaupt sinnvoll und förderlich ist, ob es zum Glück weiterträgt, erstaunlich selten gestellt worden. Sind gute Gefühle überhaupt direkt anpeilbar, sind sie intendierbar?

Kann man sein Glück überhaupt wollen?

Man kann diese Frage auf zwei mögliche Weisen beantworten: Der erste Weg ist rein phänomenologisch, blickt also auf die Erscheinung der Dinge, wie sie sich einem bei sorgfältiger und geordneter Beobachtung darstellen. Und hier lautet der Befund augenscheinlich: Wenn es so einfach wäre, dass man Gefühle auf Anhieb durch bloßes Wollen und Anstreben erfolgreich erzeugen könnte, dann wäre wohl ein Großteil der Lebenshilfeindustrie und vermutlich auch ein beträchtlicher Bestandteil der psychotherapeutischen Versorgung obsolet. Viktor Frankl beschreibt diesen Zusammenhang zwischen Wollen, Grund und Gefühlszustand wie folgt:

> Es gibt nun einmal Phänomene, die sich nicht wollen lassen: ich kann nicht glauben wollen, ich kann nicht lieben wollen, ich kann nicht hoffen wollen, und am allerwenigsten kann ich wollen wollen. Diese und verwandte Phänomene lassen sich nämlich nicht manipulieren. […] Manipuliert jemand sich selbst, indem er ein ›intentionales Gefühl‹ (Max Scheler) erzwingen will, dann verliert er den intentionalen Gegenstand aus den Augen, auf den sich das Gefühl gerichtet hätte, wenn es von ihm nicht solcherart bereits im Keime unterdrückt und erstickt worden wäre. Ich möchte dies anhand eines alltäglichen Vorkommnisses illustrieren: will ich jemanden

> zum Lachen bringen, dann muss ich ihm wohl oder übel einen Witz erzählen. Es ist also so, dass ich nicht direkt einen ›Gefühlszustand‹ (Scheler) anpeilen kann, sondern einen adäquaten Gegenstand anvisieren muss. Dann stellt sich der Gefühlszustand automatisch ein.[57]

Die Emotions- und Kognitionsforschung zeigt dementsprechend ebenso wie die Alltagserfahrung, dass Gefühle in der Regel im Wesentlichen Reaktionen sind. Um Glück zu erleben, muss unser Glück einen Grund haben. Um partnerschaftliche Liebe zu erleben, müssen wir *jemanden* erleben, der liebenswert ist, und wir selbst bereit sein, uns von dieser Liebenswürdigkeit auch emotional ansprechen zu lassen. Und um glauben zu können, muss etwas glaubwürdig und müssen wir bereit sein, diesem Glaubwürdigen einen Teil unseres Vertrauens zu schenken.

Wäre aber zum Beispiel partnerschaftliche Liebe direkt intendierbar und man bräuchte sich etwa nur wünschen, jemanden zu lieben, damit sich das Gefühl einstellt – um wie viel einfacher wäre unser Leben, um wie viel weniger gefragt und nötig wären Eheberatung und Paartherapien. Um wie viel ärmer wäre aber zugleich das Phänomen der partnerschaftlichen Liebe, wenn es sich per Willensdekret ein- und ausschalten ließe? In diesem Fall wäre es ja tatsächlich ein ichbezogenes Phänomen, und nicht eines, welches sich grundlegend in der Begegnung, also am Du erweist. Der andere wäre dann nicht mehr eigentlich der Partner, das Du, das das eigene Ich aus seiner selbstbezogenen Enge herausführte – er wäre im Prinzip nur das Objekt eines Gefühls, welches wir willentlich und wissentlich einmal in die eine, ein anderes Mal in die andere Richtung lenken könnten. Wäre Liebe ein Phänomen dieser Art, wäre sie also vermutlich wesentlich einfacher – und

57 Frankl, V. E. (1997). *Der Wille zum Sinn. Ausgewählte Vorträge über Logotherapie.* München: Piper, S. 230 f.

zugleich viel weniger. Es wäre, mit anderen Worten, keine Liebe mehr. Denn gerade weil Liebe nicht vom Einzelnen, sondern von wenigstens zweien abhängt, und gerade weil sie sich einstellt, ohne unserer unmittelbaren Verfügungsgewalt zu unterliegen, unterliegen wir ihr; sie ist also im guten Sinne riskant. Die Bereitschaft, dieses Risiko im freien Einverständnis einzugehen, dafür überhaupt infrage zu kommen, ist so betrachtet bereits Zeugnis der Befreiung aus eben jenem egozentrischen Fixiert-sein-auf-sich-selbst, das der Reduktionismus dem Menschen unterstellt.

Auch für die Hoffnung gilt, dass man sie sich zwar wünschen, sie aber nicht wünschend herstellen kann. Grundlose Hoffnung kann allemal im Glauben verwurzelt sein, der wiederum ist aber auf die Glaubwürdigkeit desjenigen, dem oder an den wir glauben, angewiesen, und an unsere Bereitschaft, etwas Vertrauenswürdiges in der Welt überhaupt wahr- und anzunehmen. Begründete Hoffnung braucht daher zumindest Indizien dafür, dass ein Vorgang nicht notwendig so unerfreulich ausgehen könnte, wie wir es vielleicht befürchten. Auch hier also wieder derselbe Befund: Ebenso wenig wie Glaube und Liebe kann man Hoffnung in sich per Willensdekret auslösen. Im Gegenteil fehlt einem Glauben, einem Lieben oder einem Hoffen, das sich bloß dem eigenen Willen verdankt, der Grund. Im gleichen Maße aber verliert das jeweilige Phänomen ein Kernmerkmal seiner Bestimmtheit: Denn es gründet nicht in sich selbst, und nicht einmal nur in innerpsychischen Beweggründen, sondern maßgeblich und bestimmend in der Begegnung mit etwas, das außerhalb unser selbst liegt.

Tatsächlich zeigt sich durchgängig, dass nahezu alle jene positiven und erstrebenswerten Zustände sich gerade dann *nicht* einstellen, wenn wir sie direkt anstreben – eben weil sie nur über den »Umweg« ihres Objekts erreichbar sind. Viktor Frankl hat etwa im Zusammenhang mit Sexualneurosen festgestellt, dass zum Beispiel ein Großteil der psychogenen Impotenz oder psychogenen Frigidität dem übermäßigen Wollen, einer sogenannten Hyperintention, geschuldet ist. Das Problem der Patienten ist also nicht etwa ein Mangel an sexuellem Vermögen; ihr Problem ist vielmehr, dass sie glauben, ihr sexuelles Vermögen entfalte sich besser, wenn sie die vermeintliche Abkürzung zur Lust selbst nehmen und den Partner nur als Mittel zum Zweck der eigenen Lustbefriedigung verwenden. Statt sich also frei in der partnerschaftlichen Liebe loszulassen – sich damit aber auch irgendwie zu riskieren –, verkrampfen sie und belauern sich, mit absehbaren Folgen:

> Der Sexualneurotiker kämpft um etwas, und er tut es insofern, als er, eben in Form von Potenz und Orgasmus, um sexuelle Lust kämpft. Aber leider: je mehr es einem um Lust geht, umso mehr vergeht sie einem auch schon. Dem direkten Zugriff entzieht sie sich nämlich.
>
> Denn Lust ist weder der wirkliche Zweck unseres Verhaltens und Handelns noch ein mögliches Ziel, vielmehr ist sie in Wirklichkeit eine Wirkung, eine Nebenwirkung, die sich von selbst einstellt, wann immer wir unsere Selbst-Transzendenz ausleben, wann immer wir uns also entweder liebend einem anderen oder aber dienend einer Sache hingeben.
>
> Sobald wir aber nicht mehr den Partner meinen, sondern nur noch Lust, steht dieser unser Wille zur Lust auch schon sich selbst im Wege. Die Selbst-Manipulation scheitert. Der Weg zu Lustgewinn und Selbstverwirklichung führt nun einmal über Selbst-Hingabe und Selbst-Vergessenheit. Wer diesen Weg für einen Umweg hält, ist versucht, eine Abkürzung zu wählen und auf die Lust wie auf ein Ziel loszusteuern. Allein, die Abkürzung erweist sich als eine Sackgasse.[58]

58 Frankl, V. E. (2008). *Die Psychotherapie in der Praxis. Und Texte zur Angewandten Psychotherapie.* Gesammelte Werke Bd. 3, Hrsg. von A. Batthyány, K. Biller und E. Fizzotti. Wien: Böhlau, S. 72 f.

Die Lektion lautet also: Jene Prozesse und Vorgänge, die Leben zur Erfüllung bringen, sind Nebeneffekte der Bereitschaft, von der egozentrischen Anspannung ab- und sich auf das Leben einzulassen, und können nicht erzwungen werden. Es sind Folgen eines sinnvollen Ziels, aber keine Ziele an sich. Mit Blick auf die Suche nach einer allgemeinen Motivationstheorie kann man also festhalten: Die forcierte Suche oder Sucht nach dem Glück oder dem, das uns glücklich machen soll, schafft ohne Blick auf den Grund für dieses Glück folglich alles andere als das Gewollte: Die Jagd nach guten Gefühlen vertreibt diese. Schauen wir uns das an zwei konkreten Beispielen genauer an.

Die zu viel wollen

In den späten 1960er- und frühen 1970er-Jahren fand an den Universitäten Oxford und Cambridge ein unfreiwilliges Gruppenexperiment statt. Es fing damit an, dass Psychiater und Psychotherapeuten der beiden Universitäten sich mit einem Mal einem neuen diagnostischen Phänomen gegenüberfanden: Hatten ratsuchende Studenten bis dahin primär über Lern- und Motivationsprobleme, Versagensängste bei Prüfungen und Forschungsarbeiten oder Konflikte mit ihren Kommilitonen berichtet, stieg von einem Jahr aufs nächste die Anzahl männlicher Studenten, die wegen Erektionsstörung um therapeutische Hilfe baten, schlagartig an. Dieser Anstieg war zunächst rätselhaft, bis Psychologen in mühsamer Detektivarbeit schließlich dem Schlüssel des Phänomens auf die Spur kamen. In demselben Jahr nämlich, in dem es zum sprunghaften Anstieg psychogener Sexualstörungen unter Studierenden vor allem der Geisteswissenschaften gekommen war, hatten sich in Oxford und Cambridge Lesezirkel gegründet, die sich mit dem sexualpolitischen Werk Wilhelm Reichs auseinandersetzten. Wilhelm Reich, ein ehemaliger Schüler Sigmund Freuds, der in seiner mittleren Schaffensphase insbesondere für seine ideologische Verknüpfung von Sexualität und politisch-gesellschaftlicher Entwicklung (»sexuelle Revolution«) bekannt geworden war, sprach in seinen Werken dem Orgasmus und der Orgasmusfähigkeit im Allgemeinen eine hohe soziale und politische Relevanz zu – so weit ging diese Deutung, dass Reich zufolge neben der individuellen psychischen Selbstentfaltung und körperlichen Gesundheit auch die »Genesung des sozialen Organismus« wesentlich von der Orgasmusfähigkeit seiner Einzelmitglieder abhinge. Eine freie Neuordnung der Gesellschaft, die vollständige Überwindung des Faschismus und schließlich die Möglichkeit des Weltfriedens hingen, sofern man dieses Werk ernst nehmen wollte, nicht zuletzt von der Orgasmusfähigkeit des Einzelnen ab.

Leicht zu verunsichernde Gemüter fanden sich also in der Situation wieder, dass der eigentlich private und unbeschwerte Liebesakt mit einem Mal gleichsam imaginär auf die Bühne der Weltpolitik gezogen wurde und als Werkzeug der eigenen psychischen Entfaltung und des sozialen Friedens herhalten musste. Natürlich bemühten sich diese Studenten – und je gewissenhafter und ernsthafter sie darin waren, umso mehr bemühten sie sich – darum, ihre Orgasmusfähigkeit unter Beweis zu stellen. Nun sind aber gerade jene gewissenhaften Gemüter, die für derartige Indoktrination besonders anfällig und diese besonders ernst zu nehmen geneigt sind, leider auch jene, deren psychovegetatives System am ehesten unter solchen Störeinflüssen der Hyperintention kollabiert. Mit absehbaren Folgen: Sie verkrampften sich im fortwährenden Belauern ihrer Lust, die daraufhin natürlich auch bald aufhörte, lustvoll zu sein, sondern vielmehr geradewegs in ein selbst gezimmertes Gefängnis der übermäßigen Beschäftigung mit sich selbst und dem eigenen Empfinden – und meist Versagen – mündete: »Je mehr es einem um die Lust geht, desto mehr vergeht sie einem auch schon.«

Die Lösung bzw. die Therapie der Oxford-Impotenz bestand folglich aus nichts anderem, als den darunter Leidenden zu empfehlen, erst einmal für eine Weile Lektüre und Lesezirkel zu wechseln oder, sofern nötig, sich über die tatsächlich überaus magere Evidenz zugunsten von Wilhelm Reichs Orgasmus-Theorien zu informieren. Die Therapie bestand also im Wesentlichen aus Aufklärung. Oder, psychologisch etwas geschickter, aus dem Versuch, die übertriebene Erwartungshaltung und Verkrampftheit der Patienten zu entspannen – ihnen etwa zu sagen, ihre gegenwärtigen sexuellen Probleme wären Anzeichen einer langsamen Durchdringung ihres Charakterpanzers (dies ist der Diktion von Wilhelm Reichs Schriften entnommen) und eine daher eigentlich positive Entwicklung, die anzeige, dass das psychopolitische Programm der Befreiung bereits langsam, aber stetig zu wirken beginne. Sie sollten sich also keine Sorgen darüber machen, dass ihre Orgasmusfähigkeit kurzfristig eingeschränkt sei, sondern dies »für die gute Sache« ertragen, auf dass sie in einigen Monaten wieder in ihre altersgemäße sexuelle Virilität zurückfinden würden.

In dem Moment, in dem die Patienten ihre Anspannung und ihre übertriebene Erwartungshaltung, den Druck und die Verkrampftheit, die hier quasi ideologisch ins Schlafzimmer getrieben wurden, aufgeben würden, stand zu erwarten, dass sich ihre sexuelle Potenz wieder normalisieren würde. Es gibt heute leider nur sehr wenige wissenschaftliche und psychologiehistorische Arbeiten, die sich mit dem Phänomen der Oxford-Impotenz auseinandersetzen, daher ist nicht sicher, was letztlich zu ihrem baldigen Verschwinden beitrug. War es die Tatsache, dass die Teilnehmer der Lesezirkel bald so frustriert über ihre eigene Unfähigkeit zur Umsetzung des Reich'schen Programms waren, dass sie sich von allein von diesen Lesezirkeln abwandten; war es die psychotherapeutische Aufklärung oder war es lediglich die Tatsache, dass die Anhängerschaft von ideologischen Sonderprogrammen unter Studierenden in der Regel ohnehin einer hohen Fluktuation unterworfen ist, die meisten Studierenden mit anderen Worten einfach philosophisch und politisch weitergezogen sind und nebenbei auch wieder ihre normale sexuelle Funktionsfähigkeit wiedererlangt haben?

Ein ähnliches unfreiwilliges Feldexperiment beschrieb mir mein ehemaliger Doktorvater, Giselher Guttmann, vormaliger Ordinarius am Institut für Psychologie der Universität Wien. Guttmann war seinerzeit einer der Pioniere der Erforschung neurophysiologischer Korrelate des Erlebens, u.a. auch der Tiefenentspannung. Um Korrelate der Tiefenentspannung einzufangen, führten seine Mitarbeiter Vergleichsmessungen an großen Stichproben entspannter und nicht entspannter Versuchspersonen durch. Als Versuchspersonen dienten Menschen, die autogenes Training oder bestimmte Meditationstechniken erlernt hatten und nun gebeten wurden, im Labor – verkabelt an ein EEG und andere Messgeräte – vorzuführen, wie gut und tief sie sich entspannen können. Das Zeitfenster der Messung bestand aus rund 10 Minuten. Die Vergleichsgruppe bestand aus zufällig ausgewählten Studierenden, deren Messergebnisse die Baseline eines normalen, alltäglichen Bewusstseinszustands auf mittlerem Erregungsniveau einfangen sollten. Bemerkenswerterweise zeigte sich nach den ersten Durchgängen allerdings, dass die Messdaten der geübten Meditierenden und der Kontrollgruppe sich kaum voneinander unterschieden, sich sogar in einzelnen Durchgängen höhere Stresskorrelate bei den Meditierenden zeigten als in der nicht entspannten Kontrollgruppe.

Das Schauspiel wiederholte sich über mehrere Tage, bis ein Laborassistent etwas Interessantes beobachtete: Die Versuchspersonen der Entspannungsgruppe zeigten, wenn der Versuchsleiter verkündete, die Messung sei nun beendet und die Versuchspersonen könnten wieder aus ihrer Entspannung zurückkehren, mit einem Mal signifikant höhere Entspannungswerte als während der Entspannungsperiode. Tatsächlich wiederholte sich auch dieser Befund Tag um Tag, bis der eigentliche Grund dieser paradoxen Messungen ersichtlich wurde: Zwar waren die Versuchspersonen aus der Entspannungsgruppe geübt darin, durch bestimmte Atemtechniken und Autosuggestionen einen ausgeprägten Ruhezustand herzustellen. Die Tatsache aber, dass sie hier nun im

Labor eines psychologischen Instituts, verkabelt und angeschlossen an ein EEG, ein Psychogalvanometer etc. vor weiß bekittelten Laborassistenten ihre Entspannungskünste unter Beweis stellen sollten, führte – vorhersehbar – dazu, dass diese Versuchspersonen sich besonders stark darum bemühten, entspannt zu sein – und damit erst recht nicht entspannten, sondern verkrampften. Erst als ihnen gesagt wurde, das Experiment sei nun vorbei und sie könnten sich wieder »normal« verhalten, zeigte sich der insgesamt entspanntere Biotonus der geübten Meditierenden im Verhältnis zur nicht geübten Kontrollgruppe.

Dem Phänomen der Hyperintention kommt auch mit Blick auf die psychotherapeutische Behandlung mancher Störungsbilder eine wichtige Rolle zu. Zwar ist hier nicht der Ort, dies eingehender zu diskutieren. Zur Absicherung der Gültigkeit des hier berichteten Phänomens sei nur kurz beschrieben, dass das zugrunde liegende Prinzip so solide und sicher funktioniert, dass es sich auch einsetzen lässt, um *störende* Erlebnis- und Verhaltensweisen zu bändigen. Einfach von der Beobachtung ausgehend, dass sich ein beachtlicher Bestandteil unserer Gefühle und Erlebnisweisen nicht nur nicht direkt intendieren lässt, sondern die Hyperintention oftmals das Zustandekommen des Erwünschten und Gewollten geradezu verhindert, hat Viktor Frankl zu einem therapeutischen Trick gegriffen: Patienten, die zum Beispiel an übergroßen Angstgefühlen oder Zwangsgedanken und -impulsen litten, riet er, nicht wie bisher und ohnedies meist vergeblich *gegen* diese Impulse anzukämpfen, sondern sie sich herbeizuwünschen.[59] Wenn in solchen Fällen erwartbar das Gegenteil von dem eintritt, was man sich in übertriebener Weise wünscht, dann sollte der Wunsch, das Symptom möge auftauchen, geradewegs zur Symptomfreiheit führen – was auch in der

59 Frankl, V. E. (1953). Angst und Zwang. *Psychotherapy and Psychosomatics*, *1* (2), 111–120.

Tat geschieht. Diese Methode, Frankls paradoxe Intention, wirkt, wie man heute aus zahlreichen groß angelegten Studien weiß, in verblüffend kurzer Zeit und mit einer Effektstärke, die anderen therapeutischen Methoden zur Behandlung etwa der Angst- und Zwangsstörung bisher nicht attestiert werden konnte.[60] Der eigentliche Wirkmechanismus der paradoxen Intention ist allerdings nicht die Paradoxie allein – wesentlicher Faktor ist auch der Humor und das Ironisieren des Ängstigenden, wodurch seinerseits eine wesentliche Entschärfung der ursprünglichen Hyperintention erreicht wird.

So viel aber können wir bis hierher zusammenfassen, bereits unter rein psychologischen Gesichtspunkten – von existenziellen sprechen wir im Moment noch gar nicht: Richten wir unsere eigene Lebensführung primär auf die Faktoren des Strebens nach Lust oder Vermeiden von Unlust bzw. dem Suchen nach angenehmen und dem Meiden weniger angenehmer Gefühle aus, ist das nicht nur nicht wirksam, sondern bewirkt im Zweifelsfall genau das Gegenteil von dem, was wir uns erhoffen und erwünschen.

Es gibt mit anderen Worten keine »Abkürzung« zum Glück und zur Erfüllung. Diese vermeintlichen Abkürzungen erweisen sich vielmehr, wie Frankl es ausdrückte, als Sackgassen. All dies bestätigt ein weiteres Mal und auf einer weiteren Ebene: Menschsein ist viel grundlegender, vielschichtiger und komplexer nicht nur in Hinsicht auf das Erleben, sondern auch hinsichtlich darauf, wie schon sein biologisches und psychologisches Funktionieren und seine geistige Personalität angeordnet ist. Menschsein scheint vielmehr von Anbeginn an so gerichtet, dass es nicht allein aus sich selbst heraus und für sich selbst existiert, sondern sich im Kontakt mit der Welt – in seiner Ansprechbarkeit – erweist.

60 Kim, R. S., Poling, J., & Ascher, L. M. (1991). An introduction to research on the clinical efficacy of paradoxical intention. *Promoting change through paradoxical therapy*, 216–250.

Wir haben diesen Sachverhalt bisher nun schon in den unterschiedlichsten Zusammenhängen gefunden: Die Überwindung der Gleichgültigkeit ist somit nicht nur ein soziales und moralisches Gebot; sie würde schon lohnen, wenn wir an den Beginn unserer existenziellen Entdeckungsreise die Frage gestellt hätten, wie wir glücklich werden können. Die Antwort lautete in beiden Fällen: nur dann und insoweit, wie wir in der Lage und bereit sind, über den Tellerrand unseres eigenen Ichs zu schauen und uns wieder mit anderen Menschen, mit der Welt, mit dem Seienden, dem Sein-Könnenden (Freiheit) und dem Sein-Sollenden (Sinn und Verantwortung) verbinden. Wir sind aufgefordert, den vermisst oder vergessen geglaubten Traum, die Hoffnung und den Idealismus wieder in unser Leben zu lassen und zum Hauptmotor unseres Handelns zu machen. Dann werden wir sehen, wie reich und schön das Leben ist, auch wenn wir vieles immer noch nicht verstehen und uns immer wieder normale menschliche Zweifel einholen – oder wir merken, dass wir, wie die am Anfang dieses Buchs zitierte Sängerin Florence Foster-Jenkins, zwar nicht singen können, uns aber dennoch keiner nachsagen können soll, dass wir es nicht zumindest probiert hätten. Dann erst ist uns die Fülle guten Erlebens verfügbar. Das, was der Welt guttut (die Überwindung der Gleichgültigkeit), tut folglich zugleich dem Menschen gut. Wenn er sich von etwas anderem leiten lässt als bloßem Eigeninteresse, entdeckt er Ressourcen und innere Reichtümer, die ihm ansonsten für immer verborgen und verschlossen bleiben.

Und tatsächlich: Wie viel tut der Mensch, und vor allen Dingen: wie viel Wertvolles tut er auch, das überhaupt keinen Sinn machte, wenn sich menschliches Dasein lediglich zwischen den Polen Lust und Unlust, angenehme und unangenehme Gefühle bewegen würde? Wie kurz dieses Modell greift und wie sehr ein reduktionistisches Menschenbild die tatsächliche Weite, Tiefe und existenzielle Eingebundenheit des Menschen verfehlt, wenn es derartige Phänomene nicht beachtet oder, schlimmer noch, unter den Generalverdacht eines »eigentlichen« unbewussten Egoismus stellt, sehen wir etwa dann, wenn die Psychologie aus der Nachbardisziplin der Philosophie gefragt wird, was sie mit den im Folgenden beschriebenen Phänomenen anfängt bzw. warum sie derzeit so wenig damit anzufangen weiß:

> Was ist das für ein Interesse, das wir daran haben, dass die letzten Tiger in Russland, die wir ohnehin nie zu sehen bekämen, nicht ausgerottet werden? Was ist das für ein Interesse, das einen Künstler dazu veranlasst, ohne Rücksicht auf Kraft und Lebenszeit an der Verbesserung eines Werkes zu arbeiten, das vermutlich von fast niemandem jemals wahrgenommen wird?
>
> Oder was ist das für ein Interesse, das einen Menschen veranlasst, lieber eine für ihn niederschmetternde Wahrheit wissen zu wollen, als durch eine freundliche Lüge getröstet zu werden, und zwar auch dann, wenn die Täuschung auf dem Sterbebett erfolgt, also folgenlos bleibt?[61]

Betrachtet man diese und ähnliche Phänomene, blickt man auch schon auf den wesentlich weiteren Bedeutungshorizont. Der hier angesprochene Idealismus liegt nicht nur außerhalb des engen Gebietes zwischen den Polen Lust und Unlust, er scheint den Menschen sogar gerade aus dem klaustrophoben Land des Egoismus zu befreien.

61 Spaemann, R. (1996). *Personen. Versuche über den Unterschied zwischen ›etwas‹ und ›jemand‹*. Stuttgart: Klett-Cotta, S. 234.

Vom rechten Wollen

Gefühle sind kein Selbstzweck

Die bisherige Diskussion zeigte: das Lust-Unlust-Modell ist nicht nur psychologisch unangemessen und erfüllt sein Versprechen nicht, es ist auch schlicht und ergreifend nicht realistisch. Es verfehlt die Wirklichkeit des Menschen und die Bedürftigkeit der Welt. Und als Modell, das die Wirklichkeit verfehlt, wird es uns auch kaum ein Instrumentarium in die Hand geben, mit dem wir uns in dieser Welt sicher und heil fortbewegen und bewähren können. Denn es verspricht eine Welt bzw. verlangt eine Welt, die es so nicht gibt: eine Welt, in der Herausforderung eine Last und Vergnügen dasjenige ist, von dem wir glauben, die Welt und andere darin seien es uns schuldig. Es ist mit anderen Worten wieder eben jene Welt, die Rudolf Allers als die Welt des *Neurotikers* beschrieben hat:

> Konflikte, Schwierigkeiten aller Art, die man früher in Kauf nahm, als unvermeidlich anerkannte, erscheinen heute vielen als ungebührliche Störungen ihres Behagens. Sie sind überzeugt davon, dass sie ein Anrecht auf ein leichtes Leben haben und sehen daher im Konflikt nicht ein unausweichliches Moment der menschlichen Wirklichkeit, sondern ein Symptom. Überdies scheuen sie die Verantwortung, die jeder, auch nur einigermaßen folgenschweren, Entscheidung anhaftet. Daher sind sie nur allzu bereit, die Entscheidung anderen aufzubürden. Es ist nicht leicht zu sagen, ob man diese Menschen nun wirklich als Neurotiker ansehen soll (…) oder als Menschen, die in der Diagnose eine gültige

> Entschuldigung für ihre oft genug selbstverschuldete Lebensunfähigkeit finden und in der Behandlung einen Kompromiss zwischen ihrer Begierlichkeit und ihrer Feigheit.[62]

Begierlichkeit (also Erwartungs- und Anspruchshaltung) und das Meiden alles dessen, das irgendwie womöglich unangenehm sein könnte, verleitet, wenn über den Umweg eines reduktionistischen Menschenbildes zum Weltbild erklärt, den Menschen folglich dazu, vor diesem Unglück um jeden Preis zu fliehen – denn natürlich ist unter dem Blickwinkel von Lust und Unlust all das Unangenehme, Unbequeme, Erschütternde und existenziell Verunsichernde der große Spielverderber jeglichen Strebens nach angenehmen Gefühlen und folglich etwas, das in der einen oder anderen Weise gerne vermieden wird.

»Nötig« ist eine solche Flucht davor aber nur dann und nur so lange, wie wir irrigerweise davon ausgehen, dass alles nicht Angenehme notwendig das psychologisch oder objektiv Falsche und Unerwünschte sei. Wie verkürzt eine solche Sicht ist, hat Spaemann mit seinen drei Fragen – was ist das für ein Interesse, das … – in bewundernswerter Klarheit eingefangen. Folgen wir dieser Spur nun, um weiter in das Wesen unserer Lebenswirklichkeit vorzudringen.

Denn nun sehen wir zunehmend, dass wir auf der Suche nach dem, was dem Menschen (und der Welt) guttut, die exklusive Beschäftigung mit dem Menschen selbst wieder hinter uns lassen müssen. Wir finden damit an jene Weggabelung zurück, an der unser Menschenbild sich dazu entschieden hat, die Welt lediglich als Bewährungsort unserer Gefühle, nicht aber als Bewährungsort der Person und ihrer jeweiligen Verantwortung zu sehen.

62 Allers, R. (1963/2008). *Abnorme Welten. Ein phänomenologischer Versuch zur Psychiatrie.* Hrsg., kommentiert und eingeleitet von A. Batthyány. Weinheim/Basel: Beltz, S. 143.

Denn so viel haben wir bereits gesehen: Wer sein Glück sucht, sollte einen Grund zu seinem Glück suchen; und wer Erfüllung sucht, etwas Seinswürdiges tun. Worauf sonst sollten sein Glück und seine Erfüllung beruhen, als auf einem Grund, der nicht wieder das Glück und die Erfüllung selbst ist?

Zuständliche und gegenständliche Gefühle

Der Philosoph Max Scheler hat in diesem Zusammenhang eine Unterscheidung getroffen, die uns auch für den Alltag einen wichtigen Schlüssel und ein hilfreiches Instrument zur Prüfung unserer eigenen Gefühle und Empfindungen in die Hand gibt: die Differenzierung zwischen zuständlichen und gegenständlichen bzw. intentionalen Gefühlen. Wie Max Scheler es formulierte: Zuständliche Gefühle haben wir *wegen* etwas; gegenständliche Gefühle *über* etwas. Zuständliche Gefühle beschreiben dieser Unterscheidung zufolge einen emotionalen *Zustand* und sind bereits vollständig in sich selbst beschrieben, wenn man sie so beschreibt, wie man sie erlebt – hierzu sind etwa auch jene einfachen angenehmen Gefühle zu rechnen, die reduktionistischen Motivationstheorien (und nach Allers auch dem Neurotiker, s.o.) zufolge Ziel unseres Entscheidens und Handelns sind. Gegenständliche Gefühle zeichnet dagegen aus, dass sie immer auch auf einen *Gegenstand* bezogen sind: auf etwas oder jemanden »außerhalb« des bloßen Gefühls. Sie sind, wie man auch sagt, *intentional* begründet. Die Unterscheidung beider Gefühlsarten gelingt nicht immer auf Anhieb, wenn man von ihrem bloßen Erscheinungsbild ausgeht – wenn man also wieder nur auf das empfindende Subjekt und nicht auch auf das Objekt dieser Gefühle blickt. Beide Gefühlsarten können sich nämlich zunächst ganz ähnlich anfühlen und darstellen, zugleich könnten sie ihrem Wesen und Grund nach kaum unterschiedlicher sein.

Ein Beispiel ist etwa das zuständlich-gegenständliche Paar

Aggression (zuständlich) und Wut (gegenständlich): Aggression ist eine aufgestaute, angriffsbereite, erregte und meist negative Stimmung. Sie kann ganz unterschiedliche Ursachen haben, und es gibt dementsprechend auch ganz unterschiedliche Wege, mit dieser Aggression umzugehen. Man kann, wenn man das für nötig und sinnvoll hält, »Dampf ablassen«, indem man auf Kissen einschlägt, laute Musik hört oder mit den Füßen auf den Boden stampft, und auf diese Weise mehr oder weniger reif mit der Aggression umgehen. Es ist dabei relativ gleichgültig, wie das geschieht: Jedes Objekt oder jede Tätigkeit, die uns dabei hilft, Druck abzubauen, ist gut genug, sofern sie anderen und uns selbst keinen Schaden zufügt (und sofern die These, dass man den Aggressionsdruck unbedingt abbauen müsse oder auch nur könne, wirklich stimmt – s. o.).

Anders der Zorn oder die Empörung. Zwar gehen auch sie mit subjektiv erlebter Angriffsbereitschaft und Erregung einher, aber – und das ist der entscheidende Unterschied – der Zorn kennt auch einen Gegenstand: ein Wohin und Woher. Er ist zielgerichtet – wir verachten oder sind empört über etwas oder jemanden, zum Beispiel ein politisches Regime, das seine Bevölkerung hungern und leiden lässt und ihm das Recht zur freien Meinungsäußerung beschneidet. Wie Frankl schreibt:

> So unterscheidet aber auch schon die Sprache sehr fein etwa zwischen ›gerechtem‹ Zorn als intentionalem Gefühl und ›blindem‹ Hass als bloß zuständlichem Gefühl.[63]

Wir können genau genommen diese Wut und Empörung gar nicht verstehen, wenn wir nicht auch verstehen, *worauf* sie sich beziehen. Daher wäre es in diesem Fall eine Verfehlung sowohl des Ge-

63 Frankl, V. E. (2005). *Ärztliche Seelsorge. Grundlagen der Logotherapie und Existenzanalyse.* Wien: Deuticke, S. 187.

fühls als auch des Objekts dieser Empörung, wenn man versuchte, diese Missstimmung nur irgendwie abzubauen – Hauptsache, man empfindet sie nicht mehr. Warum? Weil wiederum kein Problem aus der Welt geschafft wird, wenn wir uns nur mit der Stimmung beschäftigen und übersehen, dass dieses Gefühl – eben als gegenständliches Gefühl – einen Inhalt und Grund außerhalb des bloßen Gefühlserlebens selbst hat. Das gegenständliche Gefühl weist auf einen Missstand hin und meint etwas oder jemanden, und nicht nur den, der es gerade erlebt. Wir werden, mit anderen Worten, dem Auftrag und der Anfrage, die gegenständliche Gefühle an uns herantragen, nicht gerecht, wenn wir uns und das Gefühl betäuben oder fliehen – wenn wir es überhaupt bloß nur als Gefühl wahrnehmen, nicht aber den dahinterliegenden Grund würdigen.

Wie beschämend egoistisch und am Leben und der Wirklichkeit vorbei die Verkennung des Unterschieds zwischen zuständlichen und gegenständlichen Gefühlen sein kann, illustriert etwa Folgendes. Vor einigen Jahren fiel mir im Rahmen eines Forschungsprojekts zur Ideengeschichte der Psychologie des frühen 20. Jahrhunderts eine Lebenshilfezeitschrift in die Hände. Inhaltlich und vom Aufbau her entsprach das Magazin durchaus über weite Strecken seinen heutigen Nachfolgern. Der entscheidende Unterschied aber war das Erscheinungsjahr: 1940, der Erscheinungsort: Berlin.

Der Hauptartikel der mir vorliegenden Ausgabe trug den Titel: »In ruhelosen Zeiten Ruhe finden: wie ist das möglich?« und beschrieb verschiedene Atem- und Yogaübungen, die dem Leser und der Leserin helfen sollten, in politisch und gesellschaftlich höchst unruhigen Zeiten »Ruhe zu bewahren«.[64]

Nun muss man sich fragen: Unter einem rein zuständlichen Gesichtspunkt mag es fatalerweise sogar angehen, Ruhe zu bewahren, während im Berlin der 1940er-Jahre Tausende jüdische und

64 Schulte, A. (1940). In ruhelosen Zeiten Ruhe finden: Wie ist das möglich? *Lichtbote*, 2, 3–4.

politisch oder religiös verfolgte Nachbarn zuerst ihre Rechte, dann ihre Arbeit und bald auch ihr Lebensrecht verloren. Aber gegenständlich betrachtet: In *diesen* ruhelosen Zeiten Ruhe suchen, wer konnte das ernsthaft wollen? Berlin 1940 war schließlich gewiss *nicht* der Ort, für sich Ruhe zu suchen in ruheloser Zeit, während ringsumher die Zivilisation erodierte – es wäre eigentlich der Ort der Revolte des Gewissens gewesen, der Verpflichtung zu größtmöglicher *Unruhe*. Die Aufgabe der Stunde wäre gewesen, Stärke und Initiative zu suchen in einer Zeit, in der man trotz allem kein Held sein musste, um nicht in irgendeiner Weise jene zu unterstützen, die vor der eigenen Haustür entrechtet wurden.

Gegenständliche Gefühle achten heißt also: die Welt und den anderen achten und einen etwas angehen lassen und nicht gleichgültig nur nach dem eigenen Wohlbefinden suchen, das sich auf diesem Wege, wie wir eben gesehen haben, ohnedies nicht einstellt. Überwindung der Gleichgültigkeit bedeutet, anders gesagt, und nicht nur in diesem Zusammenhang: Überwindung des Egoismus, der uns zur Bequemlichkeit der jeweils bestmöglichen zuständlichen Gefühle auf Kosten der Wirklichkeit verleiten möchte. Es bedeutet auch, unangenehme Gefühle auszuhalten, wenn es die Sache wert ist – und sie als Aufforderung zum Handeln zu erkennen. Viktor Frankl formuliert diesen Zusammenhang wie folgt:

> Der Mensch, der sich von einem Unglück abzulenken oder sich zu betäuben versucht, löst kein Problem, schafft kein Unglück aus der Welt; was er aus der Welt schafft, ist vielmehr die bloße Folge des Unglücks: der bloße Gefühlszustand der Unlust. [...] Er versucht, der Wirklichkeit zu entfliehen. Er flüchtet in den Rausch. Damit begeht er einen subjektivistischen, ja geradezu psychologistischen Fehler: den Fehler, so zu handeln, als ob mit dem emotionalen Akt, den man durch die Betäubung zum Schweigen bringt, auch der Gegenstand der Emotion aus der Welt geschafft würde; als ob das, was man

> in die Ungewissheit bannt, damit auch schon in die Unwirklichkeit gebannt würde. Aber der Akt des Hinsehens erzeugt nicht den Gegenstand, der Akt des Wegsehens vernichtet ihn nicht – und so annulliert auch die Unterdrückung einer Regung der Trauer nicht den Sachverhalt, der betrauert wird.[65]

Es geht bei gegenständlichen Gefühlen folglich nicht darum, primär das Gefühl selbst zu betrachten – etwa es danach zu bewerten, wie angenehm oder unangenehm es sich gerade anfühlt. Das gegenständliche Gefühl ist vielmehr ein Hinweisschild. Worauf es ankommt, ist weniger die Gestalt und Form des Schilds, und auch nicht die Frage, ob wir diese Form und Gestalt ansprechend finden oder nicht. Es geht vielmehr darum, *worauf* das Schild hinweist. Eine rein innerpsychische Betrachtung unseres Gefühls wird folglich nicht nur dem unterschiedlichen Informationsgehalt und Auftrag von gegenständlichen und zuständlichen Gefühlen nicht gerecht, sie wird zugleich auch einmal mehr der Wirklichkeit nicht gerecht.

Auch hierzu ein Beispiel: Vor einigen Jahren war ich in München auf einer Tagung. Nach meinem Vortrag kam ein jüngerer Kollege zu mir und bat um eine kurze private Unterredung. Er berichtete mir, dass sein Vater an Krebs im Endstadium leide. Und obwohl der junge Kollege und sein Vater ein an und für sich gutes Verhältnis zueinander hatten, brachte er es nun nicht fertig, seinen Vater zu besuchen. Irgendein nicht genau bestimmbarer innerer Widerstand hindere ihn daran. Das war allerdings auch dem Vater nicht entgangen. Dieser erkundigte sich immer wieder bei seiner Frau und seinen anderen Kindern, warum sein jüngster Sohn ihn nie besuchen komme, suchte nach möglichen Gründen und wurde dabei – man wird es beinahe immer – fün-

65 Frankl, V. E. (2005). *Ärztliche Seelsorge. Grundlagen der Logotherapie und Existenzanalyse*, Wien: Deuticke, S. 149 f.

dig: Ihn plagten nun die vielen kleineren Missverständnisse, die er im Laufe seines Lebens mit seinem Sohn gehabt hatte – Missverständnisse, die jede auch noch so gute Beziehung irgendwann überschatten, zugleich man aber zu vergeben bereit ist. Dem Vater aber, in seinen absehbar letzten Lebensmonaten, wog dies schwer auf der Seele. Und auch dem jungen Kollegen – denn befragt, warum er denn nicht zumindest versuche, das auf einem offenkundigen Missverständnis bestehende Schuldgefühl des Vaters irgendwie zu erleichtern und seinem Vater wenigstens einen Brief zu schreiben oder ihn anzurufen, erwiderte der Kollege etwas unwirsch: »Sie verstehen das nicht: *Ich kann nicht* mitansehen, wie schwach mein Vater durch seine Erkrankung geworden ist.« Und dann fiel der entscheidende Satz: »Ich will mich dem nicht aussetzen. Ich kann es nicht. Es belastet mich zu sehr, meinen Vater so zu sehen.«

Brechen wir den Bericht des Kollegen hier ab. Niemand wird die Belastung dieses Sohnes unterschätzen wollen. Aber – vor dem Hintergrund der bisherigen Diskussion muss man sich fragen: was, abgesehen von der kurzfristigen Flucht vor unangenehmen Gefühlen, hat dieser Sohn durch sein Vermeidungsverhalten gewonnen? Die bloße Tatsache, dass er die Krankheit und Gebrechlichkeit und das Sterben seines Vaters nicht sehen muss, weil er ihn flieht, macht das Unglück nicht ungeschehen. Der Vater ist nach wie vor krank, liegt nach wie vor im Sterben, und wenn auch sein Sohn versucht, alle Gedanken daran zu verdrängen, so bleibt es doch wahr und kein Entfliehen seinerseits macht das Sterben und Leiden seines Vaters ungeschehen. Im Gegenteil schafft das rein zuständlich orientierte Verhalten des Sohnes sogar noch mehr Unglück: Der Vater vermisst seinen Sohn, erlebt eine der letzten großen Enttäuschungen seines Lebens und sucht in seiner verletzlichen Situation auch noch bei sich selbst die Schuld dafür, dass der Sohn ihn in dieser wichtigen Zeit des Abschiednehmens im Stich lässt.

Aber auch ohne dieses zusätzliche Unglück erweist sich der

Preis des bloßen Vermeidens als unverhältnismäßig hoch: Was für ein Vorbild ist der Kollege für seine eigenen Kinder? Was wird er sich einmal denken, wenn er selbst alt und gebrechlich und darauf angewiesen ist, dass sich andere dem Anblick *seiner* Gebrechlichkeit aussetzen? Und vor allen Dingen: Wie abhängig macht sich der Kollege von seinen eigenen Gefühlen, wenn er sie darüber entscheiden lässt, eine nicht wiederkehrende Gelegenheit – den Abschied im Frieden vom Vater – ungenutzt verstreichen zu lassen? Bewies sich dieser Kollege nicht selbst, dass er sich im Ernstfall nicht auf sich selbst verlassen konnte?

Wiederum zeigt sich: Zuständliche Egozentrik und das damit schnell einhergehende Vermeiden der Auseinandersetzung mit realem Leid kennt keine Gewinner; sie macht nicht glücklich, und sie macht erst recht nicht frei. Sie vergeht sich an der Wirklichkeit. Man soll die Traurigkeit der vom Sohn geschilderten Situation nicht unterschätzen, aber man soll zugleich auch den Auftrag und die Bewährungsprobe der Freundschaft, Bindung und Treue nicht unterschätzen, die sich gerade darin erweist, für einen geliebten oder geachteten Menschen Dinge zu tun und auszuhalten, die zu tun zwar subjektiv nicht besonders angenehm, mit Blick auf ihre Wertigkeit aber schlicht und einfach in dieser Situation von einem abverlangt sind.

Die Geschichte fand leider kein gutes Ende – schon einige Wochen nach unserem Gespräch erhielt ich einen Brief von dem Kollegen: Sein Vater war unerwartet früh verstorben, ohne dass es zur befreienden Aussprache gekommen war. Der Kollege schreibt in seinem Brief:

> Wie dankbar wäre ich, wenn ich meinen Vater noch einmal sehen und ihm alles sagen könnte. Von meinen Sorgen um ihn, die ich mit meinen Ängsten vor meinem eigenen Älterwerden verwechselt habe. Von dem Abschied, der mich ängstigte und der mir nun, da ich ihn versäumt habe, noch mehr zu schaffen macht. Hätte ich mich im Frieden verab-

> schieden können, wie Sie sagten? Wäre mir heute leichter ums Herz? Jetzt ist es zu spät. Immer wieder stelle ich mir vor, dass ich zu meinem Vater gehe und ihm in seinen letzten Stunden beistehe, als Arzt, als Sohn. Diese Chance kehrt nicht wieder und ich habe sie versäumt. Ich muss damit weiterleben, dass ich nicht da war.

Das ist fraglos ein trauriger Ausgang, aber ganz am Ende angelangt ist die Geschichte mit diesem Bericht noch nicht – sie hat zwar kein gutes Ende gefunden, aber man sollte auch die Einsicht und Reue, die der Sohn in seinem Brief zum Ausdruck bringt, nicht gering schätzen. Ebenso wenig wie die Tatsache, dass er mir seinen Brief aus eigenen Stücken zur Wiedergabe für Vorlesungen und Publikationen überlassen hat. Denn, wie er schrieb, könne er zwar sein eigenes Verhalten nicht ungeschehen machen, aber er könne seine Selbstenttäuschung immerhin *anderen* zur Verfügung stellen, damit sie aus seinen Fehlern lernen:

> Es ist mir zwar nicht gelungen, wie Sie mir sagten, eine ›Tragödie in einen Triumph zu verwandeln‹ (Frankl). Aber ich kann immerhin versuchen, mein Versäumnis in eine Lektion zu verwandeln. Dann hat mein Bedauern wenigstens irgendeinen Sinn, zwar nicht für meinen Vater und mich, aber für andere.

Dem Preis einer zuständlichen Ausrichtung um kurzfristiger Entlastung willen steht auf der anderen Seite der manchmal unerwartete Gewinn gegenüber, wenn wir nicht kurzfristige zuständliche Entlastung suchen, sondern uns den Sinnanfragen des Augenblicks stellen.

Dass auch der umgekehrte Weg möglich ist und die gegenständliche Ausrichtung einen befähigt, sich reif und heil auch in leidvollen Erfahrungen zu bewähren, soll ein Fallbeispiel von Elisabeth Lukas illustrieren. Zumal es auch veranschaulicht, wie psychologisch kostspielig es sein kann, wenn man auf noch so wohlmeinende Ratgeber hört, die den fragwürdigen (und stets zuständlich orientierten) Rat geben, primär auf das eigene Empfinden statt auf den Sinnaufruf des Augenblicks zu achten. Elisabeth Lukas berichtet dazu Folgendes:

> Ich habe einen Mann gekannt, der mit schweren Depressionen in einer Nervenklinik lag und auf keinerlei Therapie ansprach. Bei der Erhebung der Vorgeschichte kam zutage, dass seine Frau vor ca. 15 Jahren einen Autounfall gehabt hatte und seitdem ein Pflegefall war. Sie musste gewaschen, gefüttert und auf die Toilette gehoben werden und konnte sich nur sehr beschränkt selbst behelfen. 14 Jahre lang hatte der Ehemann sie neben seiner täglichen Arbeit zu Hause gepflegt und betreut, und das bedeutete, dass er 14 Jahre lang auf eine Reihe kleiner und großer Freuden verzichtet hatte, dass er zum Beispiel niemals eine Urlaubsreise oder auch nur einen längeren Ausflug unternehmen hatte können, und dass seine ganze Freizeit im Pflegedienst an seiner Frau aufgegangen war. Doch 14 Jahre lang war der Mann gesund geblieben.
>
> In dieser Zeit hatten ihn Freunde und Bekannte ständig davon zu überzeugen versucht, dass er sein eigenes Leben vergeude, ohne dass seiner Frau dadurch sonderlich gedient sei, und dass es deswegen das einzig Vernünftige sei, sie in ein Pflegeheim abzugeben, wo sie entsprechend versorgt werde. Er selber aber solle doch noch das Leben genießen, solange es ginge, und mit dem »Ballast« seiner kranken Frau sei ihm dies offensichtlich nicht möglich. Nach 14 Jahren hatte sich der Mann endlich dem wohlmeinenden Drängen seiner Freunde gebeugt und seine Frau extern untergebracht – kaum ein Jahr später wurde er in die Nervenklinik eingeliefert. Verschiedene Therapeuten bemühten sich um ihn, und nicht wenige Medikamente wurden ihm täglich serviert, aber nichts konnte sein Desinteresse an der Welt und am Leben durchdringen, es war,

als habe der Mann eine Mauer um sich gebaut. Bald war es die einhellige Überzeugung aller damit befassten Fachleute, dass er in den 14 Jahren Pflegedienst an seiner Frau durch seine vielfältige (nicht zuletzt sexuelle) Abstinenz so schwere seelische Schädigungen davongetragen habe, dass er kein vollwertiges Mitglied der menschlichen Gesellschaft mehr werden könne.

»Er hat die Frau zu spät abgegeben« hieß es allerorts. Als ich mit dem Mann ins Gespräch kam, was nur durch einen merkwürdigen Zufall anlässlich eines privaten Arztbesuches geschah, gewann ich nach kurzer Zeit die Vorstellung, dass der Mann an einem entsetzlichen Wertkonflikt leide, den er entgegen dem Rat seines Gewissens entschieden habe. Diese Vorstellung drängte sich mir deshalb auf, weil er zu einem einzigen Thema ansprechbar war: zum Thema »Liebe zu seiner Frau«. Kein Zweifel, der Mann liebte sie immer noch. Er schilderte mir ausführlich, wie tapfer seine Frau die Überstellung in die Pflegeanstalt aufgenommen hatte, und wie sie sich bemüht hatte, ihre Tränen vor ihm zu verbergen, als er sie dort das erste Mal besucht hatte. Ich tastete mich weiter auf der Suche nach anderen Werten, aber alle übrigen Lebensdimensionen dieses Mannes waren wie erloschen, nur das Bild seiner Frau war für ihn lebendig. Nach dem Gespräch wanderte ich eine halbe Stunde in einem Gang der Klinik auf und ab und rang mit mir selbst.

Durfte ich sagen, was ich dachte, durfte ich raten, was mir unabdingbar notwendig schien? Nach dieser halben Stunde ging ich in das Krankenzimmer des Mannes zurück. »Herr X«, sagte ich zu ihm, »stehen Sie auf, melden Sie sich vom Krankenhaus ab und lassen Sie Ihre Arzneien zurück. Holen Sie Ihre Frau wieder zu sich nach Hause – so bald wie möglich. Sie sind nicht geistig oder seelisch krank, Sie befinden sich in einem Gewissenskampf, und solange Sie der Stimme Ihres Gewissens zuwiderhandeln, werden Sie niemals froh sein.«

Der Mann sah mich an und langsam kam etwas Farbe in seine Züge. Dann schlug er die Bettdecke zurück und begann sich anzukleiden.

Ich habe ihn seitdem noch zweimal gesehen: einmal bei ihm zu Hause, wohin er mich ein halbes Jahr später einlud, und einmal auf der Beratungsstelle. Das erste Mal sah ich einen vitalen, fröhlichen Mann, der geschäftig zwischen Wohnzimmer und Küche hin- und herlief, um Tee und Kekse zu holen, während eine stille, magere Frau, die im Wohnzimmer aufgebettet war, ihn mit liebevollen Blicken verfolgte; und das zweite Mal sah ich ihn im dunklen Anzug, als er vom Friedhof vom Grab seiner Frau kam. »Wenn Sie nicht gewesen wären«, sagte er, »wäre mein Leben jetzt zu Ende gewesen. Ich hätte das Gefühl, sie im Stich gelassen zu haben, nie überwunden. Ihr einsamer Tod im Pflegeheim hätte auch mich getötet. So aber hat sie ein leichtes Sterben gehabt, und ich habe meinen Frieden gefunden. Ich danke Ihnen.«[66]

Es mag auf den ersten Blick paradox erscheinen, dass wir auf der Suche nach der Antwort auf die Frage, wo und wie der Mensch sein Glück finden könne, so unmittelbar auch zu der Frage hingeführt wurden, wie der Mensch dem Leid begegnen kann, das seinen Lebensweg immer wieder kreuzen wird. Aber wenn wir uns einmal von der irrigen Auffassung verabschiedet haben, unser Leben ginge und drehe sich um zuständliche Launen und Lust und Unlust statt um gegenwärtige Aufgaben, sehen wir auch: Lebensglück und menschliche Erfüllung können sich bei näherem Hinsehen ohnehin nicht einstellen, wenn man die Untiefen des Lebens ausblendet und seinen Blick nur auf die Höhen zu richten bereit ist. Ein gegenständlicher Blick auf die Bedürftigkeit der

66 Lukas, E. (1983). *Von der Tiefenpsychologie zur Höhenpsychologie. Logotherapie in der Beratungspraxis*. Freiburg: Herder, S. 298 f.

Welt und die Ansprechbarkeit des Menschen für etwas, das jenseits seines zuständlichen Eigeninteresses liegt, eröffnet uns nicht nur einen Weg zum gelingenden Leben im Guten, er wappnet uns auch für die ganze Vielfalt des Lebens. Wir kommen ihr ja ohnehin nicht davon. Zu dieser Vielfalt gehört neben allem Glück der Welt das Wissen, dass Leiden uns einmal begegnen wird – und sei es auch nur in der Angst davor, dass wir von leidvollen Erfahrungen heimgesucht werden. Dabei zeigt sich: Die bare Angst um unser momentanes ungestörtes Glück ist mit frei erlebtem Glücklichsein und menschlicher Reife ohnehin nicht gut vereinbar; vor allem aber ist sie nicht nur nicht realistisch, sie macht auch schnell blind für das Leid anderer, die vielleicht unsere Zuwendung und Ermutigung bräuchten.

Das eigentliche Paradox ist also nicht, dass unsere Frage nach dem Glück uns auch zur Frage nach einem reifen Umgang mit dem Leid hinführt; es liegt vielmehr darin, dass das gedankliche Ausblenden von Leid oft noch viel mehr Leiden schafft. Zum einen, weil das Ausblenden von Leid und der Bedürftigkeit der Welt einen geradewegs wieder auf sich selbst und das Verharren in zuständlichen Gefühlen zurückwirft und auf eben jene Jagd nach angenehmen zuständlichen Gefühlen gehen lässt, von der wir oben sahen, dass sie ihr Ziel ohnehin meist verfehlt; zum anderen, weil wir mit dem Ausblenden auch der dunkleren Seiten des Lebens der Welt eigentlich nicht mehr sagen als: »Ich komme nicht für dich infrage, weil ich gerade intensiv mit mir selbst und meinem Glück beschäftigt bin.« Wir schneiden uns also vom Leben selbst ab und ziehen uns an einen Ort der ängstlichen Verschlossenheit und Feigheit zurück – unsere Suche nach zuständlichem Glück endet also geradewegs in einer Sackgasse: dort nämlich, wo kein Glück, sondern Ängstlichkeit, Feigheit und die Sorge um uns selbst das Leben und seine Vielfalt und Herausforderungen ersticken und auch unseren Mitmenschen wenig mehr als Leid und Verdruss bringen.

Dieser innere Zusammenhang lässt sich auch an einem weiteren Beispiel, der Gegenüberstellung von Traurigkeit (zuständlich) und Trauer (gegenständlich), entfalten. Vom bloßen Empfinden her haben Traurigkeit und Trauer wiederum ein vergleichbares Eigenschaftenprofil: Sowohl in der Trauer als auch in der Traurigkeit ist die Stimmung gedrückt, in beiden Fällen der Antrieb und die Hoffnung auf Besserung gering. Aber die Trauer hat als gegenständliches Gefühl einen Grund, der außerhalb ihrer selbst liegt[67]: Ein Wert ist aus unserem Leben gegangen und der Verlust schmerzt. Bei der melancholischen Missstimmung oder Traurigkeit hingegen variieren die Ursachen, und vom bloßen Erscheinungsbild der Traurigkeit ist noch keineswegs abzuleiten, um welche Grundstörung des Befindens es sich handelt. Man weiß etwa, dass bestimmte Wetterlagen zu Missstimmungen beitragen können, man weiß, dass Lichttherapie in einigen Fällen hilft, in anderen Fällen helfen Medikamente, in wieder anderen Fällen andere psychologische Maßnahmen oder physiologische Eingriffe. Mit anderen Worten: Diese Traurigkeit hat Ursachen und diese Ursachen sind änderbar und lenkbar.

Ganz anders ist es bei der Trauer. Sie hat nicht nur Ursachen, sondern vor allem: Gründe. Ihrem Wesen nach ist die Trauer daher auch mehr als ein Gefühl, sondern vor allem Ausdruck des vermissenden Andenkens an etwas oder jemanden, den man geliebt und nun verloren hat.[68]

Nun ist bereits die der Trauer vorausgehende Liebe ein gegenständliches Gefühl: Liebe meint ja etwas oder jemanden, der oder das in seiner Einmaligkeit und Einzigartigkeit[69] wahrgenommen und geschätzt, eben: geliebt wird. Der Trauernde ist ein Liebender und ist daher auch nicht gut ansprechbar, solange der

67 Lukas, E. (1999). *In der Trauer lebt die Liebe weiter.* München: Kösel
68 Ebd.
69 Frankl, V. E. (2005b). *Ärztliche Seelsorge. Grundlagen der Logotherapie und Existenzanalyse*, Wien: Deuticke, S. 121.

Trost nicht auf das oder den bezogen ist, um den er trauert. Jede »Manipulation« oder Therapie, die bei der zuständlichen Traurigkeit wirken würde, muss bei der Trauer versagen, weil diese Manipulation den Verlust nicht ungeschehen machen, also das oder den nicht wiederbringen kann, was oder wer betrauert und vermisst wird.

Trauer ist demnach, auch wenn sie sich wohl niemand bewusst aussuchen würde, aufgrund ihrer Gegenständlichkeit ein menschliches Vorrecht, und daher ist es auch ein menschliches Vorrecht, Trauer ohne »therapeutische Intervention« oder andere wohlmeinende Eingriffe (»Trauerarbeit«) zu durchleben. Man wünscht dem Trauernden neben der Fähigkeit seiner Mitmenschen, ihm seine eigene Zeit der Trauer ohne bedrängende Erwartungshaltungen zuzugestehen, vielleicht höchstens das Wissen, dass seine Trauer nach wie vor eine Spur der Liebe ist – dass nur jemand, der das Glück hatte, Liebe zu erleben, auch das Unglück haben kann, ihren Fortgang zu vermissen. Trauer ist also nicht eigentlich ein psychologisches, sondern ein geistiges Phänomen und kann als solches auch nicht Verhandlungsgegenstand oder Sache psychologischer Intervention sein.

Mit einigen wenigen Ausnahmen – und eine solche Ausnahme wollen wir hier kurz ansehen, weil sie die Bedeutung der Unterscheidung zwischen zuständlichen und gegenständlichen Gefühlen auch mit Blick auf die Bewältigung des Leidens veranschaulichen kann. Es gibt nämlich auch schwierige Trauerverläufe, in denen die Trauer überwältigend und das Leiden buchstäblich unerträglich wird, sodass sich der Trauernde daraufhin an einen Berater oder Betreuer wendet. Aber: wie helfen, wenn Trauer mehr ist als ein Gefühl? Wenn es das Wissen um einen verlorenen Wert ist, den niemand wieder ins Leben schaffen kann? In der Beratung und Unterstützung Trauernder zeigt sich: Der Trauernde ist in der Regel überhaupt nur über den Gegenstand seiner Liebe erreichbar – nur dieser kann seine Rettung sein, wenn die Gefahr besteht, dass er sich in der Trauer ganz vom Leben abschneidet.

Dazu ein Fallbeispiel, von dem Viktor Frankl oft in seinen Vorlesungen berichtete:

> An mich wendet sich ein alter praktischer Arzt; vor einem Jahr ist seine über alles geliebte Frau gestorben, und über diesen Verlust kann er nicht hinwegkommen. Ich frage den schwerst deprimierten Patienten, ob er sich überlegt habe, was geschehen wäre, wenn er selbst früher als seine Frau gestorben wäre. »Nicht auszudenken«, antwortet er, »meine Frau wäre verzweifelt gewesen.« Nun brauche ich ihn nur noch darauf aufmerksam zu machen: »Sehen Sie, das ist Ihrer Frau erspart geblieben, und Sie haben es ihr erspart, freilich um den Preis, dass nunmehr Sie ihr nachtrauern müssen.« Im gleichen Augenblick hatte sein Leiden einen Sinn bekommen: den Sinn des Opfers. Am Schicksal konnte nicht das Geringste geändert werden; aber die Einstellung hatte sich gewandelt.[70]

Die drängende und tragische Frage – »Warum muss ich meine Frau so sehr vermissen?« – fand eine gegenständliche, intentionale Antwort: »*Für* Ihre Frau. Es ist das Letzte und Beste, was Sie nach wie vor für sie tun können.« Und wirklich: Für unsere gegenständliche Liebe sind wir bereit, auch noch ein solches Opfer zu bringen, vermutlich sogar *nur* für unsere Liebe. Diese Liebe kann darüber hinaus sogar, wie dieses Fallbeispiel zeigt, die Grenzen von Raum und Zeit überwinden; sie kann auch dann noch als Zustimmung und Wohlwollen weiterwirken, wenn uns der geliebte Mensch genommen wurde. Nicht nur kann sie nicht aus der Vergangenheit herausgeschafft, also rückwirkend annulliert werden, da sie ja als unauslöschliches Kapitel in unsere Lebensgeschichte geschrieben ist. Sie kann auch dann noch weiterwir-

70 Frankl, V. E. (1985). *Der Mensch vor der Frage nach dem Sinn.* München: Piper, S. 83 f.

ken, wenn der von uns geliebte Mensch fort ist. Und ebenso, wie sie das Beste in uns und der Situation zur Geltung bringt, wenn der geliebte Mensch lebt, so bringt die Liebe zumindest den Trost der fortdauernden Verbundenheit auch dann noch in die Trauer, wenn der geliebte Mensch von uns gegangen ist. Hier zeigt sich ein weiteres Mal, wie anders und wohlwollend die existenziellen Spielregeln uns auch dann noch zu stützen in der Lage sind, wenn alle anderen (zuständlichen) Modelle längst versagen: Nichts wird verdrängt, nichts beschönigt, nichts beschwichtigt – lediglich das Leid der Trauer in einen größeren selbsterkannten und zugestimmten Wertzusammenhang gesetzt: Du kannst noch etwas für deine Liebe tun; sie geht nicht ins Leere, also bewahre sie auf.

Wir sehen auch hier: Eine gegenständliche Ausrichtung trägt uns einerseits zum gelingenden Leben und trägt uns in der Unbedingtheit selbst noch der Trauer zur Gelegenheit und Chance, auch im vorderhand überwältigend sinnlosen Geschehen noch etwas *Wirkliches* und *Werthaltiges* zu finden, um dessentwillen man bereit sein kann, diesem Leiden und der Trauer zuzustimmen. Für jemanden oder für etwas, das nicht wir selbst sind, können wir also gegebenenfalls auch noch in der Lage sein, ein erlebtes und unabänderliches Leiden zu ertragen, ohne daran zu zerbrechen. Für uns selbst allein meist jedoch nicht. Wir können dem Verabschiedeten noch unsere guten Wünsche und unser Wohlwollen oder unsere Liebe schenken. Das löst die Trauer nicht auf; aber es hebt die Zuwendung zum Gegenstand der Trauer auf und bewahrt uns davor, im erlebten Leid unterzugehen. Wieder lautet der menschengemäße Weg des Erwachens aus der Erstarrung also nicht, »an sich zu denken« und bei sich zu verbleiben, sondern weiterhin das, die oder den Geliebten nicht aus den Augen zu verlieren. Dieser Grund verbindet uns wieder mit dem Leben; die Fixierung auf uns selbst trennt uns vom Leben – in Folge verkümmern sowohl unser Glück als auch unser Leid. Es ist somit stets ein und derselbe Befund, den wir ein ums andere Mal in den unterschiedlichsten Lebenszusammenhängen entdecken: Unser Glück wächst mit unserer Ansprechbarkeit für das Leben und unsere Fähigkeit, reif mit Leid umzugehen, ohne daran zu zerbrechen, schuldet sich derselben Freundschaft und Beziehung zum Leben, der sich auch echtes Glück und Erfüllung verdankt.

Fazit: Eine gegenständliche Ausrichtung stärkt und bewahrt das Selbst im Glück wie im Leid, weil es das Selbst mit Gründen verbindet, die es besser tragen, als das Selbst allein es je könnte. Diese Erkenntnis steht in starkem Kontrast zur Bestandsaufnahme der provisorischen Daseinshaltung zu Beginn dieses Buches: Unsere Expedition begann ja mit der Feststellung, dass das postmoderne Selbst nicht besonders glücklich ist, obwohl es mitten im Wohlstand, mitten in Friedenszeiten lebt, mehr Möglichkeiten hat als wohl jede vorhergehende Generation und dennoch nicht weiß, wohin mit sich selbst.

Im Laufe unseres Versuchs, Antworten auf diese Fragen zu finden, sind wir nun reichlich fündig geworden, wohin sich dieses Selbst wenden könnte und sollte und wozu es gut ist. Aber wir haben bisher zugleich noch vergleichsweise wenig über dieses Selbst gesprochen, dessen Freiheit, Sinnorientierung, Idealismus, Lebensbegeisterung, Verantwortung, Geliebtwordensein, Lieben und Leiden wir in den vorherigen Kapiteln untersucht und diskutiert haben. Nun aber, da wir auch noch das Verabschieden der Dinge und Personen, die in der Liebe unseres Selbst weiterleben, betrachtet haben, wollen wir uns schließlich dem Selbst zuwenden und dem, wie es sich empfindet, wahrnimmt, sich stärken und entfalten und schließlich: wie es seinen Idealismus und seine Bestimmung wiederfinden kann.

Selbstbewusstsein und Selbstwert

Betrachten wir auch dieses Selbst zunächst vor dem Hintergrund der Unterscheidung eines zuständlich-gegenständlichen Begriffspaares, dem insbesondere die zeitgenössische Selbsthilfeliteratur derzeit besonders viel Aufmerksamkeit schenkt: Selbstwertgefühl und Selbstwert.

Es gehört mittlerweile zum psychologischen Allgemeinwissen, dass ein gut entwickeltes Selbstbewusstsein etwa im Berufsleben oder in der Beziehungsgestaltung von großem Vorteil sein soll. Zugleich leiden viele Menschen an einem echten oder auch nur subjektiv erlebten Mangel an Selbstwertgefühlen; anders lässt es sich jedenfalls wohl kaum erklären, weshalb jährlich Hunderte Selbsthilfebücher erscheinen, die dem Leser versprechen, ihn bei der Entwicklung eines starken und »gesunden« Selbstbewusstseins zu unterstützen. Wenn man sich die in diesen Büchern angebotenen Hilfestellungen ansieht, findet man in der Regel meist mehr oder weniger einfallsreiche Variationen desselben einfachen und oft wiederholten Ratschlags. Man fragt sich, ob das wirklich funktionieren kann: In den meisten einschlägigen Büchern zum Thema steht, man solle sich nur oft genug einreden und zusagen, man fühle sich gut und stark und selbstbewusst, man nehme und fordere Raum ein, und bald darauf würde sich das entsprechende Gefühl tatsächlich einstellen. Mit anderen Worten lautet der Rat, man solle so denken und fühlen, *als ob* man ein ausgeprägtes Selbstwertgefühl habe, und dieses entwickle sich dann auch bald genug wie von selbst. Man soll sich, mit anderen Worten, bewusst dazu entscheiden, an sich selbst zu glauben.

Die Aufforderung: »Glaube an dich selbst!« mutet allerdings zunächst insofern suspekt an, als diese Aufforderung etwas verlangt, von dem wir oben sahen, dass es in dieser Form eigentlich gar nicht eingefordert werden kann: Dort sahen wir nämlich, dass Glaube nicht direkt intendiert werden kann, es sei denn, wir haben gute Gründe dazu – in diesem Fall wären diese guten Gründe allerdings das Verlangen nach Selbstwertgefühlen; und das ist schon deswegen widersprüchlich, weil dieses Verlangen ja eigentlich nur auf einem Mangel an Selbstwertgefühlen beruhen kann. Hätte jemand ein hohes Selbstwertgefühl, hätte er zugleich ja auch keinen Grund, sich ein hohes Selbstwertgefühl zu wünschen – geschweige denn, ein Buch zu kaufen oder ein Seminar zu buchen, welches ihm zu Selbstwertgefühlen verhelfen soll.

Die bloße Aufforderung, an sich selbst zu glauben, sollte also, wenn unsere bisherige Analyse stimmt, nicht so einwandfrei gelingen; und das Problem ist außerdem, dass selbst im Erfolgsfall dieses für sich reklamierte und sich dann eingeredete – also zuständliche – Gefühl des Selbstbewusstseins kein objektives Korrelat hat, zunächst also reinem Wunschdenken entspringt.

Es gibt ein in diesem Zusammenhang interessantes Alltagsphänomen. Die meisten von uns dürften etwas kennen, das man vielleicht mangels eines besseren Begriffs als »soziale Glückssträhne« bezeichnen kann: Man befindet sich in einer Gruppe von Menschen, die man noch nicht kennt, und hat zufällig einen ungewöhnlich vorteilhaften Einstieg in diese Gruppe gefunden. Das Gesprächsklima ist wunderbar; alle lachen über die Witze, die man macht; alle denken, dass man ungemein originell ist; sie mögen einen und irgendwie halten sie einen für besser und begabter, als man selbst es von sich glaubt oder weiß. Vielleicht glauben sie also etwas, das gar nicht stimmt; aber weil es sich für den Moment so gut anfühlt, spielt man eine Weile mit, bis man wieder auseinandergeht. Aber auf dem Weg nach Hause geht langsam der Glanz ab und das bekannte Ich kommt wieder zum Vorschein. Nicht, dass es so schlecht wäre; man hat wohl einiges gut gemacht im Leben. Aber so unwahrscheinlich gut, wie die anderen einen an diesem Abend sahen, ist man nicht; das weiß man und das stört einen auch nicht besonders. Nach und nach kommt man also zu sich – das sind Momente großer Ehrlichkeit: wenn man ganz mit sich selbst ist und niemandem gegenüber etwas anderes darstellen muss, als man wirklich ist. Wenn man mit seinen Fragen allein ist, sich auf dem Heimweg im Rückspiegel des Wagens in die Augen blickt und sich so gegenübersteht, wie man sich kennt. Nicht, dass das unangenehm wäre: im Gegenteil. Es ist eigentlich ein herrliches Gefühl, man selbst zu sein. In solchen Momenten erleben wir vielleicht eine der größten Freiheiten: nämlich uns selbst ohne Illusion und Spiel so gegenüberzutreten und uns zu sein erlauben, wie wir sind – und das zu genießen, uns entspannt daran zu erfreuen, man selbst sein zu können.

Solche Erfahrungen sagen uns auch: Wir müssen nicht nur werden, was wir wollen und können und sollen, sondern dürfen in manchen Augenblicken einfach genau das sein und schätzen, was wir sind: wir selbst. Ohne Anforderung, ohne Angewiesenheit auf die Rückmeldung anderer, ohne sicheren oder unsicheren Blick auf das, was andere von uns erwarten oder von uns denken und auch ohne unsere Schwächen zu leugnen oder unsere Stärken zu überschätzen: eine bewusste, freie Person. Ein Ich zu sein, ist an und für sich schon eine unglaubliche Auszeichnung.

Vielleicht sind die eben beschriebenen Momente des positiven Verkanntseins auch deswegen so wohltuend in ihrem Nachhall, weil wir danach den Kontrast sehen zwischen dem, der wir für uns selber sind, und dem, der wir für andere sind. Es tut gut, zumindest entspannt es, in dieser Ehrlichkeit bei sich zu sein; ohne Verkleidung und einfach unsere eigene Gesellschaft genießend, ohne uns deuten zu müssen oder deuten zu lassen.

Dagegen ist die geborgte Identität des Verkanntwerdens stets auch irgendwie der Inbegriff des Falschen – wenn wir positiv verkannt wurden, ist das auch der Inbegriff aller Verlockung des Falschen. Wenn wir negativ verkannt wurden, wird es uns immerhin leichter fallen, diese geborgte Identität wieder abzuschütteln, da wir sie uns ohnedies nicht wünschen. Aber ganz gleich, ob negativ oder positiv verkannt – angesichts des hin und wieder einbrechenden Bewusstseins, dass wir nicht nur geborgte und spielerisch testende Identitäten haben, sondern auch wirklich wir selbst sein wollen, sind ausprobierte Identitäten auf Dauer relativ belanglos. Beim einfachen Bei-uns-Sein wird uns daher bisweilen klar, dass es auf Dauer unsinnig und falsch ist, unsere Zeit damit zuzubringen, jemand zu sein zu scheinen, der wir zwar vielleicht sein wollen, aber gar nicht wirklich sind.

Dennoch liest und hört man den Ratschlag, man solle sich mit bestimmten psychologischen Autosuggestionstechniken Selbstbewusstsein selbst einreden, wie gesagt: sehr oft. Selbsthilfebestseller und Seminare bieten immer ausgefeiltere Techniken und Methoden an, die im Grunde stets dasselbe Thema variieren: Wer sich mit sich selbst gut fühlen und Selbstbewusstsein entwickeln will, der muss von sich selbst nur oft genug sagen und irgendwann wirklich glauben: Ich bin gut. Die entscheidenden Fragen aber, ob diese Methode überhaupt funktioniert und wie sie sich am Gradmesser der Wirklichkeit bewährt, blieben über lange Zeit hin unbeantwortet.

Unsere Arbeitsgruppe an der Universität Wien unternahm deshalb kürzlich den unseres Wissens nach erstmaligen Versuch, die psychologische Wirksamkeit solcher positiver Selbstgespräche empirisch genauer unter die Lupe zu nehmen.[71]

Uns interessierte dabei vor allem die grundlegende Frage, inwieweit ein solches Programm überhaupt wirkt: Kann man sich Selbstwertgefühle erfolgreich einreden? Die Antwort fällt verblüffend aus: Im Vergleich zu einer Kontrollgruppe zeigten sich bei Versuchspersonen, die sich Selbstbewusstsein im Sinne der hier diskutierten Autosuggestionsprogramme in einem Zeitfenster von rund 20 Minuten einredeten, in der Tat zunächst mittels Selbstbewusstseinsskala gemessene signifikant erhöhte Selbstwertgefühle. Das Programm wirkte also, wie es sollte. Dieser »Therapieerfolg« hielt allerdings durchschnittlich nicht mehr als rund eine Vier-

71 Batthyány, A.; Lewin, R. (2017; in Vorbereitung). Paradoxical Effects of Self-Esteem Support Programs. *Logotherapy and Existential Analysis. Proceedings of the Viktor Frankl Institute. Vol. 2.* New York: Springer.

telstunde an. Nach Ablauf dieser Viertelstunde brach das Selbstbewusstsein unserer Versuchspersonen überraschenderweise massivst ein und fiel weit unter das der Kontrollgruppe, bis es sich auf dem Niveau depressiver Patienten einpendelte.

Was hier gespielt wurde, ließ sich erst in einer Nachfolgestudie anhand sogenannter Gedankenprotokolle erschließen: Den Versuchspersonen in der Behandlungsgruppe gelang es demnach in der Tat, sich erfolgreich ein gesteigertes Selbstwertgefühl einzureden; aber schon relativ kurz nach Eintreten dieses Gefühls setzte bei den Versuchspersonen ein kontrollierter Nachdenkprozess ein: Sie erlebten einerseits den Rausch ihrer hohen Selbsteinschätzung, andererseits fragten sie sich – erst recht, da sie als Versuchsperson eines psychologischen Experiments besonders geneigt waren, ihr eigenes Erleben kritisch zu reflektieren –, wodurch und womit ihr gesteigertes Selbstwertgefühl eigentlich begründet ist. Genau genommen zeigten die Analysen, dass die Versuchspersonen bald nicht nur infrage stellten, *wodurch*, sondern *ob* ihr gesteigertes Selbstbewusstsein überhaupt begründet und begründbar ist.

Den meisten Versuchspersonen fielen während dieser Selbstbefragung aber paradoxerweise jede Menge Dinge ein, die sie zunächst leisten oder erreichen wollten, ehe sie sich eine so hohe Meinung von sich selbst bilden könnten, wie sie sie im Zuge dieses Experiments unbegründet, also aufgrund bloßer Autosuggestion, erlebt hatten. Diese Distanz und Differenz zwischen Wirklichkeit und Autosuggestion führte folglich zu einer gesteigerten Selbstunsicherheit – mit dem Resultat, dass alles eben noch sich selbst eingeredete gesteigerte Selbstbewusstsein wieder dahin war.[72]

72 Batthyány, A. (2015). *Paradoxe Effekte von positiven Selbstgesprächen und Selbstwert-Affirmationen: Rebound-Phänomen oder kontrollierter Prozess?* Vortrag auf der 2. Tagung für Philosophische Psychologie: Person – Umwelt – Verantwortung. Frankfurt/Main, Mai 2015.

Zwar ist möglich, dass dieser zeitliche Ablauf und das Ausmaß des psychologischen Katers, der sich im Zuge des Erwachens aus der induzierten Selbstbewusstseinstrance einstellte, zumindest teilweise ein Artefakt der experimentellen Situation ist; was die experimentelle Situation aber bewirkte, war etwas, das man jedem rationalen und reifen Menschen hin und wieder wünschen würde: die Fähigkeit, sich von Zeit zu Zeit zu fragen, wie gut begründet oder begründbar seine Selbsteinschätzung tatsächlich ist – also eben jene gelassene und ehrliche Selbstbegegnung zu erleben, die man bisweilen im Nachklang einer sozialen Glückssträhne erfahren kann.

Jedenfalls zeigen diese Ergebnisse auch hier: Zuständliches Selbstwertgefühl und gegenständliches Selbstwertwissen sind zwei sehr unterschiedliche Phänomene. Ersteres ist ganz und gar in sich selbst und damit eigentlich gar nicht begründet, sondern bloß erlebt; es ist eine (in diesem Fall durch Autosuggestion induzierte) Laune und daher auch ebenso flüchtig wie die meisten Launen. Gegenständliches Selbstwertwissen andererseits ist durch ein objektives Korrelat abgesichert: Da ist ein Gut meines Lebens, das sich mir verdankt und das mir in meiner Lebensbilanz zusteht, ich bin daher mit mir einverstanden. Ein solches positives Selbstwertwissen zeichnet folglich wesentlich aus, dass es sich von einem gegenständlichen Sachverhalt ableitet: In unseren eigenen Augen sind wir wertvoll aus diesem oder jenem benennbaren, objektiv gegebenen Grund.

Verdeutlichen lassen sich die Unterschiede zwischen beiden Typen von Selbstwertgefühl auch an der Art und Weise, wie das zuständliche positive Selbstwertgefühl, bzw. der gegenständliche positive Selbstwert, sich im Laufe der Zeit entwickeln: Das zuständliche positive Selbstwertgefühl vergeht, wenn es seine Funktion verloren hat, oder schlichtweg, weil Zeit verstreicht und zuständliche Gefühle generell schnell von anderen abgelöst werden. Es ist, wie alle Launen, vergänglich aus sich selbst heraus. Die Launen, die das Streben nach Anerkennung und unsere Selbstwertgefühle bestimmen, kommen und gehen wie ihre Ursachen: Manchmal fühlen wir uns gut, manchmal nicht; manchmal bekommen wir von anderen selbstwerterhöhende Anerkennung, öfters aber auch nicht.

Das positive gegenständliche Selbstwertwissen ist ebenfalls vergänglich, aber der Grund dieser Vergänglichkeit ist ein grundlegend anderer. Es ist vergänglich, weil sich die Gründe ändern: Weil wir etwa manchmal Dinge tun, von denen wir uns selbst eingestehen müssen, dass wir damit unseren Werten oder den Anforderungen des Lebens nicht entsprochen haben, und daher anerkennen, dass diese oder jene Entscheidung und Handlung vor unserem eigenen Gewissen ein schlechtes Licht auf uns wirft. Ganz uneingeschränkt können wir uns selbst in solchen Augenblicken nicht mehr zustimmen und uns nicht zu allen unseren Entscheidungen und Handlungen beglückwünschen. Entscheidend ist hier: Ein aktives Element zeichnet den Selbstwert sowohl in seinem Gewinn als auch in seinem Verlust aus – das Wissen um den Selbstwert wird nicht bloß erlebt, es wird verdient oder verdientermaßen wieder verloren oder vergeht, weil wir uns nicht für immer auf denselben Lorbeeren ausruhen können.

Das Fatale am launenhaften oder auch von der Rückmeldung anderer abhängigen Selbstwertgefühl ist nun, dass gerade diese Angewiesenheit dem freien und selbstgewählten Einsatz unserer Fähigkeiten im Wege steht. Folglich wird gerade das unterminiert, was einem stabileren, objektiv begründeten Selbstwertwissen zugrunde liegen könnte. Denn im Kreisen um sich selbst und im klammen Verharren bei der Frage, was andere über dieses Selbst denken und sagen, kann es schnell geschehen, dass der Mensch erblindet für die zahllosen Bewährungsmöglichkeiten, die sich ihm bieten, tätig eine solidere, weil realistischere – gegenständliche – Grundlage für das Bewusstsein seines Werts zu schaffen – unabhängig von dem, was andere sagen, erwarten, denken.

Hinzu kommt, dass Menschen, die nach Anerkennung suchen, die sich zum Beispiel mit Statussymbolen umgeben, um zu zeigen, dass sie »wer sind«, die aggressiv oder selbstentschuldigend auf berechtigte Kritik oder die normalen Fehlschläge des Lebens reagieren, in der Regel genau jene Menschen sind, die aufgrund dieser Eigenschaften von ihren Mitmenschen eher weniger als mehr Achtung und Anerkennung bekommen. Sie scheinen uns vielmehr oft unreif, unecht und durchschaubar, vorhersagbar – für andere oft mehr als für sich selbst. Auch insofern erreicht das direkte Streben nach zuständlichen Selbstwertgefühlen mitunter genau das Gegenteil von dem, was es erreichen will.

Sehen wir uns etwa an, wie Menschen aufgrund ihres mitunter verzweifelten Verlangens nach Geld, Ruhm, Ansehen und Anerkennung bereit sind, auf die normalen Freuden des Lebens zu verzichten, weil sich ihr ganzer Kosmos bald auf das Suchtobjekt »Anerkennung« einengt. Wenn wir uns zugleich vor Augen führen, wie oft die exklusive (oder auch nur extreme) Hinwendung an ein Bedürfnis dazu führt, dass man mit anderen in Konflikt gerät (und sei es nur, weil man blind ist gegenüber ihren Anliegen, an ihnen also vorbeilebt), ist leicht erkennbar, dass das direkte Streben nach positiven Selbstwertgefühlen ungeeignet ist, um das Beste dieses Selbsts hervorzubringen und zu fördern. Es ist aber sehr wohl wie geschaffen dazu, sich weitere Unzufriedenheit, Leere und Unglück einzuhandeln, nämlich entweder das Gefühl des von anderen und ihren Anforderungen abhängigen Lebens, oder aber eines der Einsamkeit. Oder eines, in dem man sich von anderen verkannt fühlt, weil man den Eindruck hat, andere würden einem nicht den Dank geben, den man sich verdient habe.

Und schließlich wohnt dem Versuch, sich anerkennenswert zu verhalten, bloß um Anerkennung und Selbstwertgefühl zu bekommen, etwas zutiefst Inauthentisches und letzten Endes abermals Egozentrisches inne. Egoistisch ist es etwa, bestimmte »gute« Handlungen nicht zu tun, weil man sie als richtig oder gut erkennt, sondern weil es sich bloß gut anfühlt, von anderen die Anerkennung für diese Handlungen zu bekommen. Eltern, zuverlässige Freunde oder auch Mitglieder der helfenden Berufe etwa verwirklichen idealerweise ihre Einsatz- und Hilfsbereitschaft nicht, weil sie *sich selbst* verwirklichen und ein gutes Selbstwertgefühl verdienen wollen, sondern sie verwirklichen ihre Hilfsbereitschaft am anderen *für* den anderen. Es wäre jedenfalls fehl am Platz, hier von Selbstlosigkeit und Hilfsbereitschaft zu sprechen, wenn die Handelnden im Grunde ohnehin mehr an sich selbst und ihrer Selbstverwirklichung interessiert sind als am Patienten.

Dies alles mag man unter dem Stichwort existenzielle Verfehlung zusammenfassen: denn nicht nur die Methode und die Resultate sind fraglich, auch die Motive sind es. Sie werden auch keinen Deut besser, wenn man sich die Unechtheit vor Augen führt, in der jemand lebt, der sagt, er tue dieses und jenes doch nur für andere, und diese anderen damit erpresst, ihm jene Anerkennung zuzusprechen, die das eigentliche Motiv seines Handelns ist.

Auch hier zeigt sich wieder: Die zuständliche Lebenshaltung, das fortwährende An-sich-Denken, das klamme Darauf-Achten, wie man empfindet, wie viel man bekommt, was andere von einem denken – alle diese oft gehörten Ratschläge der Lebenshilfebestseller klingen besser, als sie tatsächlich sind. In ihrer Wirkung sind diese Ratschläge bestenfalls auf Dauer wirkungslos, im schlimmeren Fall verleiten sie einen zum unechten Leben, dem vieles gleichgültig ist – außer man selbst. So gilt für das Selbstbewusstsein dasselbe, was auch für Freude, Liebe, Hoffnung, Glück und Glaube gilt: Es gibt keine Abkürzungen dorthin; der Weg zum erwünschten Zustand führt nicht über den Zustand selbst, sondern über die sinnorientierte Teilnahme am Leben. Das hat den Nebeneffekt, dass nicht nur die Welt durch unser Engagement und unseren Einsatz bereichert wird, sondern auch der Schatz, den wir dort bergen können, sicherer und echter ist als jedes zuständliche Gefühl – wie auch das folgende Gleichnis von Elisabeth Lukas illustriert:

Nehmen wir an, ein Junge begegnet einer alten Frau, die einen großen Korb mit Birnen trägt. Der Junge sieht die saftig-frischen Birnen und verspürt große Lust, eine davon zu verspeisen. Er überlegt sich, dass ihm die Frau gewiss ein paar Birnen schenken werde, wenn er sich bereit erklärt, ihr den Korb nach Hause zu tragen. Dementsprechend geschieht es: Er nimmt ihr die schwere Last ab, und sie zeigt sich dafür erkenntlich. So weit ist alles in Ordnung. Obwohl das Motiv des Jungen nicht ganz selbstlos war, hat er doch immerhin eine anständige Tat vollbracht, und das ist besser, als wenn er der alten Frau nicht geholfen hätte. Sein Gewinn wird außer den paar Birnen auch eine Steigerung seines Selbstwertgefühls sein; er war klug, und seine Rechnung ist aufgegangen. Stellen wir uns nun einen anderen Jungen vor, der genauso der Alten mit dem Birnenkorb begegnet, aber nicht vorrangig die Birnen, sondern die Frau sieht. Der bemerkt, wie sie sich gebeugt dahinschleppt und sich abplagt. Dem Jungen geht der Sinn des Augenblicks auf, der darin besteht, seine brachliegenden jugendlichen Kräfte dort zur Verfügung zu stellen, wo sie gebraucht werden. Auch er bietet also an, ihr den Korb nach Hause zu tragen, tut es und bekommt dafür ein paar Birnen geschenkt. Was wird der Gewinn dieses zweiten Jungen sein? Er hatte Berührung mit einem »Wert an sich«, mit dem Menschlichen, dem Sinnvollen, das in seiner Hilfsbereitschaft lag, unabhängig davon, was es ihm als Nebeneffekt einbringen würde, und deswegen wird nicht nur sein Selbstwertgefühl, sondern vor allem sein Lebenswertgefühl steigen im Wissen um die Sinnhaftigkeit seiner Existenz. Während sich der eine händereibend sagen kann: »Das habe ich gut gemacht!«, darf der andere Erfüllung empfangen im Gedanken: »Es ist gut, dass ich da war!«[73]

73 Lukas, E. (2000). *Rendezvous mit dem Leben*. München: Kösel, S. 46 f.

Diese Geschichte zeigt: Das Wissen, dass es gut ist, dass ich da bin oder war, ist eine Form des Selbstwerterlebens, das nicht mehr nur aus einem bloßen Eigeninteresse, sondern von dem Wissen um Sinnverwirklichung genährt ist. Durch eben diese Anbindung an objektiv Gutes ist es nicht mehr anfällig für subjektive Launen und zufällig erteilte oder nicht erteilte Anerkennung.

Das Gleichnis veranschaulicht auch, dass das Wirken unserer Handlungen, wenn sie wert- und nicht nur selbstorientiert sind, in ihrer Werthaltigkeit selbst geborgen, also »in Sicherheit« ist. Lukas weist darauf hin, dass dieser Zusammenhang noch sichtbarer wird, wenn wir diese Geschichte mit alternativen Enden weiterdenken. Nehmen wir etwa an, die ältere Dame hätte dem Jungen zwar vielleicht gedankt, ihm aber *keine* Birnen gegeben. Hätte sich nicht der erste Junge dann eingestehen müssen, dass er sich vollkommen umsonst abgemüht hat, weil seine Rechnung nicht aufgegangen ist? Hätte er nicht sogar in Folge ein niedrigeres Selbstwertgefühl entwickeln müssen, da er es eben nicht gut (für sich) gemacht, sondern seine Kräfte verschwendet und er die Situation falsch eingeschätzt hat? Er hätte, mit anderen Worten, sogar das, was er an sich gut gemacht hat – er hat jemandem geholfen, der auf seine Hilfe angewiesen war –, im Nachhinein zum Fehler und für nichtig erklärt. Denn zuständlich – oder eben auf sich selbst fixiert – gedacht, ist der Wert oder Unwert unseres Handelns allein davon bestimmt, was wir dabei empfinden – also wiederum rein zuständlich und einzig und allein an den Polen Lust und Unlust festgemacht.

Tatsächlich hätte es, wenn es einzig oder primär um Lust und Unlust – in diesem Gleichnis um die Birnen – gegangen wäre, auch sein können, dass der Junge, ohne dass die ältere Frau es merkte, beim Tragen des Korbs rasch ein paar Birnen entwenden hätte können. In diesem Fall wäre seine Rechnung aufgegangen, und auch in diesem Fall hätte er sich sagen können: Das habe ich gut gemacht. Aber ein rechtes Selbstwertwissen lässt sich daraus, dass man eine ältere Dame bestohlen hat, während man vorgab, ihr zu helfen – und sei es ein noch so nebensächliches Diebesgut –, kaum glaubhaft ableiten.

Ganz anders die Situation des Jungen, der geholfen hat, weil er primär die Hilfsbedürftigkeit der älteren Frau sah und seine frei verfügbaren Kräfte. Das Wirken seines Handelns bleibt auch dann, wenn sie ihm keine Birnen zum Dank gibt, unantastbar – es ist das Wissen darum, dass es gut war, dass er da war, unberührt und unabhängig von der Rückmeldung anderer. Dieses Wirken ist in der Wertigkeit seines Handelns geborgen, und nicht darin, welche Form der Rückmeldung er bekommt.

Es ist, mit anderen Worten, in seiner gegenständlichen Zuwendung begründet und in der Tatsache, dass er eine Sinnmöglichkeit verwirklicht hat; keine Instanz kann das ungeschehen machen, auslöschen oder im Nachhinein für ungültig erklären – ob nun Dank und Anerkennung erfolgen oder nicht. Wir erinnern uns: Das, was wir aussenden, ist unser; das, was wir bekommen, bloß Leihgabe. Wieder bestätigt sich: Wert- und sinnorientiertes, gegenständliches Handeln kennt so gesehen keine Verlierer, sondern nur Gewinner – langfristig und kurzfristig. Derjenige, der mit reinem Gewissen und ehrlich feststellen kann: »Es ist gut, dass ich da war«, oder »gut, dass ich da bin«, ist nicht auf das angewiesen, was andere ihm sagen oder geben. Der Grund seines Welt- und Icherlebens ist geborgen in der Tatsache, dass er den Sinn des gegenwärtigen Moments erfasst, ergriffen und verwirklicht hat.[74]

Diese Einsicht über das Verhältnis von Sinn, Aufwand und Lohn ist auch mit Blick auf unser alltägliches Handeln, insbesondere auch hinsichtlich der dieser Tage um sich greifenden Burn-out-Problematik, hochrelevant. Tatsächlich zeigt die Forschung, dass das Burn-out-Syndrom nicht allein, und nicht einmal primär

74 Ebd.

in der Tatsache begründet liegt, dass sich jemand besonders intensiv und stark für eine Sache oder seinen Beruf einsetzte. Entscheidender ist auch hier vielmehr die Frage, *warum* und *wofür* er sich und seine Kräfte einsetzt, und vor allem – ganz analog zu dem ersten Jungen im oben zitierten Gleichnis –, ob die Rechnung seines Kräfteeinsatzes aufgeht oder nicht.[75]

Es gibt beispielsweise im Klinikalltag das regelmäßig beobachtbare Phänomen, dass einige Monate vor Bekanntwerden der Neubestellung der Oberschwester, der Stationsschwester oder des Oberarztes oder Abteilungsleiters einige Stationsmitarbeiter einen bis dahin kaum von ihnen gekannten persönlichen Arbeitseifer und Einsatz auf der Station zeigen. Sie arbeiten mit einem Mal hingebungsvoller, nehmen sich mehr Zeit für ihre Patienten, führen die bis dahin eher nachlässig verfassten Stationsberichte wieder besonders sorgfältig, bleiben mitunter länger als nötig am Krankenbett, finden tröstende oder aufbauende Worte für Patienten und Mitarbeiter usw. Kurz: Sie zeigen eben jenen vollen und gütigen Einsatz ihrer Kräfte und Fähigkeiten, der im Prinzip nur den Schluss zuließe, dass sie in ihrem Beruf ihre wahre Berufung gefunden haben. Aber wehe, es kommt dann nach einigen Monaten zur lange erwarteten Bekanntgabe der Entscheidung, wer den zu besetzenden Posten – Oberschwester, Stationsschwester, Oberarzt – zugesprochen bekommt. Regelmäßig kommt es nach den Bestellungen zu Burn-out-ähnlichen Zuständen bei denen, die nicht befördert wurden – was schon deswegen seltsam ist, weil ihr bisheriges Verhalten eigentlich nur die Schlussfolgerung zuließ, dass sie an ihrer aktuellen Arbeitsstelle besonders erfüllt und beseelt waren und man daher eben noch hätte annehmen wol-

75 Shanafelt, T. D. (2009). Enhancing Meaning in Work: A Prescription for Preventing Physician Burnout and promoting Patient-Centered Care. *Journal of the American Medical Association*, 302 (12), 1338–134.

len, ihre Berufung sei eine wichtige und sichere Ressource ihres Lebensglücks.[76]

Es liegt auf der Hand, was hier gespielt wird: Es gingen nicht sie in ihrer Berufung, sondern es ging bloß ihre Rechnung nicht auf. Ihr Einsatz war weniger allein den Kollegen oder den Patienten gewidmet, es war vielmehr der Spieleinsatz auf die anstehende Neubesetzung des jeweils höheren Postens. Folgt die erhoffte Beförderung, hat sich dieser Einsatz gelohnt – in solchen Fällen ist die Burn-out-Rate auch kaum wesentlich erhöht, sofern nicht ein extremer und sinnwidriger Raubbau an den eigenen Kräften und Möglichkeiten betrieben wurde. Geht die Rechnung aber nicht auf, erweisen sich all ihr Tun, alle ihre Überstunden und ihr Mehreinsatz als scheinbar *rückwirkend sinnlos* – und mit dieser Gewissheit kommt die Krise. Es kommt demnach – und nicht nur hier – nicht allein auf den objektiven Kräfteeinsatz an, nicht nur auf die Menge unseres Tuns, sondern vor allem auf das *Motiv* unseres Handelns. Dieses Motiv entscheidet mit, ob wir uns an diesem Handeln verausgaben und verzehren, oder ob uns die Kräfte, die wir brauchen, auch dadurch zufließen, dass wir wissen, dass unser Tun gut ist – und nicht nur uns, sondern auch die Welt bereichert (wir erinnern uns an die oben beschriebene ungewöhnliche Ökonomie des Geistigen).

Es gehört somit zu den Paradoxien menschlichen Daseins, dass es darauf ankommt, ob wir uns selbst zu vergessen in der Lage sind und uns einer an sich sinnvollen Aufgabe widmen, ob uns die Kräfte zufließen, diese Aufgabe zu erfüllen. Im Umkehrschluss ist eine primär zuständlich ausgerichtete Lebensform eben nicht, wie man denken sollte, rücksichtsvoll und schonend sich selbst gegenüber. Vielmehr schneidet uns eine solche Lebens- und Da-

76 Tei, S., et al. (2015). Sense of Meaning in Work and Risk of Burnout among Medical Professionals. *Psychiatry and Clinical Neurosciences*, 69 (2), 123–124.

seinshaltung von eben jenen Kräften ab, die uns nur dann und in dem Maße zur Verfügung stehen, wie wir bereit sind, großzügig am Leben teilzunehmen und das Kreisen um unser Ich zu überwinden.

Der siebente Tag: Sabbat in Permanenz

> Die Menschwerdung ist noch unvollendet. [...] Noch hat der Mensch aus sich nicht das Mögliche, das Äußerste herausgeholt. [...] Wenn es in der Genesis heißt, der Mensch sei am sechsten Tage der Schöpfung erschaffen worden, und am siebenten Tag habe Gott geruht, so können wir sagen: Am siebenten Tage legte Gott die Hände in den Schoß, und seither liegt es am Menschen, was er, der Mensch, aus sich macht – selber macht ... noch wartet Gott, noch ruht er, noch ist es Sabbat: Sabbat in Permanenz.[77]

Es ist immer wieder dasselbe Grundthema, das uns in den unterschiedlichsten Zusammenhängen begegnet, wenn wir uns auf die Suche nach dem verlorenen Schlüssel zum Idealismus und zur Freude am sinnorientierten Leben – und, wenn es sein muss, auch zur Leidensfähigkeit und Mitleidsfähigkeit – machen: Es ist niemals allein das Subjekt, auf das es ankommt. Kein Mensch ist eine Insel, daher ist auch kein Leben ohne Begegnung möglich und keine Begegnung ohne Freiheit, und keine Freiheit ohne Verantwortung. Es ist daher auch nicht allein das, was diesem Subjekt widerfährt, das es bestimmt und seine Identität ausmachen kann; es ist ihm stets auch ein Eigenbeitrag, ein Mitspracherecht und eine Mitautorenschaft über sein Leben gegeben. Der Freiraum,

77 Frankl, Viktor E. (1998). *Der leidende Mensch. Anthropologische Grundlagen der Psychotherapie*. Bern: Huber, S. 97.

in dem sich dieser Eigenbeitrag überhaupt erst anbietet, tut sich dann und in dem Maße auf, wie derjenige sich nicht mehr als Insel betrachtet, sondern als gebrauchter und involvierter Teil des Ganzen – einer bedürftigen Welt unvollendeter Tatsachen.

Die Heilung und das Wiedererwachen des modernen Menschen liegen demnach gar nicht in ihm selbst, sondern dort, wo er wieder Interesse an der Welt findet – wo er also nicht sich zum Mittelpunkt seines Daseins macht, sondern Verantwortung übernimmt für die zahlreichen kleinen und großen Sinnmöglichkeiten, die ihm persönlich in der jeweiligen Situation zugedacht sind, ohne sein aktives Zutun aber stets nur Möglichkeiten blieben und nicht Lebenswirklichkeit werden können. Die Welt ohne das Mitwirken unseres Ichs ist eine Welt, die genau um dieses Ich und das, was dieses Ich tun könnte und sollte, ärmer wäre. Denn vieles von dem Guten, das der Mensch sich wünscht, ist auf ihn selbst angewiesen; ohne ihn, seine Zustimmung und seinen Einsatz würde es ein Mangel bleiben, weil dort, wo er es hätte verwirklichen können, eine Leerstelle bleibt. Selbst das Gute, das uns ohne weiteres Zutun geschenkt ist – ein schönes Erlebnis, ein gelungenes Kunstwerk, die Güte anderer –, ist noch unvollendete Tatsache und wartet auf unseren Beitrag: auf unsere Anerkennung, dass es da ist. Glück ist schließlich nicht nur, was einem erspart bleibt; es ist auch das, was wir als Grund zur Freude anerkennen.

Vielleicht ist genau das einer der Hauptirrtümer unserer Tage: Menschen resignieren, weil sie glauben, die Welt biete nichts oder: nichts Gutes –, dabei übersehen wir das Gute, das wir bereits haben; oder ignorieren, dass ein Gutteil des Schicksals der Welt unseren Händen überantwortet ist und uns zugleich nahezu unerschöpfliche Ressourcen ins Wesen gelegt sind, mit denen wir eben jenes Gute verwirklichen können, das wir und die Welt vermissen. Sogar unsere Schwächen sind in diesem Bild aufgehoben, weil sie anderen die Gelegenheit geben, ihre Stärken mit uns zu teilen und damit zugleich die größte Stärke des Menschen zu verwirklichen: für etwas und jemand gut zu sein.

Diese Einsichten erschließen sich uns eigentlich recht schnell; sie sind sogar recht einfach. Und doch stellen sie einem resignativen, nihilistischen und zynischen Zeitgeist einen *radikalen* Gegenentwurf gegenüber: Es ist die definitive und klare Absage an alle Gleichgültigkeit. Denn dieser Gegenentwurf sagt auch: Es ist dem Menschen – eben aufgrund seiner Freiheit und seiner Fähigkeit, nicht nur das Seiende und Könnende, sondern auch das Gesollte zu erkennen – keine bedeutungslose Nebenrolle zugedacht. Unvollendete Tatsachen warten auf seinen je eigenen Beitrag, den kein anderer für ihn leisten kann – es gibt in existenziellen Fragen, im Leben überhaupt, keine Stellvertreter. Jeder Einzelne ist gebraucht, weil sein je eigenes Gesolltes sonst nie Wirklichkeit würde.

Daraus folgt: Es gibt im Leben keine echte und berechtigte Gleichgültigkeit, höchstens die Illusion der Gleichgültigkeit. Man kann tatsächlich jede Situation durchspielen und sie in jeder denkbaren sinnlichen, ästhetischen, moralischen und sonstigen Qualität variieren und sich vorstellen – sobald der Mensch im Spiel ist, gibt es immer und ausnahmslos noch etwas, das der einzelne Mensch, solange er bei Bewusstsein ist, sei es durch eine innere Haltung, sei es durch eine äußere Handlung, noch beitragen kann. Dieses Können ist unsere Freiheit. Und es gibt, wo immer nur ein Minimum an Freiheit gegeben ist, jenseits des bloßen Könnens auch ein von uns intuitiv erkanntes Soll – das Soll unserer Verantwortung für das, was wir in eine bestimmte Situation als Eigenbeitrag hineinlegen. Das ist die vielleicht schönste Botschaft des Lebens an uns: Was der Welt guttut und uns zur Verwirklichung anvertraut ist, tut nicht nur der Welt, sondern auch uns gut. Zwischen unserem Wohlergehen und der Anbindung an Werte, Sinn und das Gute besteht ein enger Zusammenhang, eine Freundschaft, ein Bündnis für das Leben.

Immer wieder begegnete uns bei der Betrachtung des Menschen sowohl in Hinblick auf sein Gewordensein, auf seine gerade im Teilen sich ihm erschließenden Ressourcen, seine Stärke in der

Schwäche des anderen usw. der Hinweis darauf, was dem Menschen in sein Wesen geschrieben ist: dass er dann ganz Mensch und mit sich und seinem Leben – sogar im Abschiednehmen – versöhnt sein kann, wenn er sich bereit erklärt, das Unvollendete der Tatsachen wahrzunehmen und durch seinen eigenen *wohlwollenden* Beitrag zu bereichern.

Das bedeutet nicht nur, Gleichgültigkeit und Lieblosigkeit zu überwinden (das ist erst die Minimalvoraussetzung des Lebendigen) – es bedeutet vielmehr, das Beste an sich und der Welt zur Geltung zu bringen und sich zugleich nicht vor dem Leid und den Nöten des eigenen Lebens und des Lebens anderer zu verschließen. Es bedeutet mit anderen Worten, als Realist am Leben teilzuhaben und als Idealist das Leben zu gestalten.

Denn nicht nur die Heilung des Menschen steht hier zur Frage – auch die Heilbarkeit der Welt. Sie ist ja nach wie vor nicht heil, sie ist bedürftig. Tagtäglich geschieht Leidvolles, vielerorts herrscht Ungerechtigkeit und Unbarmherzigkeit, und trotzdem ist immer noch ein Großteil der Menschheit nicht bereit, die Hände fatalistisch in den Schoß zu legen, weil alles sinnlos und vergeblich sei. Das sagt bei aller Klage über die Gleichgültigkeit unserer Tage etwas sehr Schönes und Tröstliches über uns aus: Der Mensch ist das einzige uns bekannte Lebewesen, das von Anbeginn in die Welt trat und sah, dass es anders sein könnte und sollte. Menschen haben Ideale und Utopien – Menschen hörten nie auf, zu hoffen und, was wohl noch wichtiger ist, in ihrer Hoffnung und ihrem Glauben an die Heilbarkeit der Welt einen Auftrag an sich selbst zu erblicken.

Und um das nun wieder auf den Einzelnen herunterzubrechen: Ein einzelner Mensch kann zwar nicht die Welt verändern. Aber er kann seine Welt verändern, und das kann er jeden Tag und jede Stunde. Jeder ist aufgerufen, und jeder noch so kleine Beitrag zählt.

Ein alter Mann ging bei Sonnenuntergang den Strand entlang und sah in einiger Entfernung einen kleinen Jungen, der emsig dabei war, Seesterne am Strand aufzusammeln. Jeden Seestern betrachtete er einen kurzen Augenblick, ehe er ihn zurück ins Meer warf. Der alte Mann beobachtete ihn eine Weile, bis er den fleißigen Jungen schließlich fragte, weshalb er all die Seesterne ins Meer zurückwarf. Der Junge antwortete: »Die Seesterne sterben, wenn sie zu lange hier am Strand liegen bleiben.« Der Alte runzelte die Stirn und entgegnete: »Hast du dir die vielen Kilometer Sandstrand einmal angeschaut, die vor dir liegen? Hier liegen Abertausende von Seesternen. Was macht es denn für einen Unterschied, wenn du dich hier so abmühst?«

Der Junge blickte auf den Seestern in seiner Hand. Ohne zu zögern warf er ihn zurück ins Meer und beobachtete, wie die rettenden Wellen ihn mit sich trugen. Ohne den alten Mann anzusehen, antwortete er ihm: »Für diesen hier macht es einen Unterschied über Leben und Tod.«[78]

78 Nach Eisely, Loren (1979). *The Star Thrower*. Dallas: Harvest Books.

Nachwort

Es ist ein anspruchsvolles Werk, das Alexander Batthyány hier vorgelegt hat. Man sollte es nicht »zwischendurch« lesen, weil eine große Portion Mitdenken und Sich-von-den-Inhalten-ansprechen-Lassen gefordert ist. Dabei ist es nicht einmal die wissenschaftliche und philosophische Brisanz der Texte, die so anspruchsvoll ist. Es ist der durchwegs beeindruckende, ja teilweise erschütternde Bezug zu sich selbst, zum eigenen Sein, zum eigenen Leben, der den Leserinnen und Lesern nicht »wegzudämmern« erlaubt. Plötzlich liegen das eigene Selbstbild, Menschenbild und Weltbild auf dem Prüfstein, und jeder muss sich fragen, wie viel Irrtum und wie viel Wahrheit ihn bisher geleitet hat bzw. in Zukunft leiten soll. Dabei tauchen essenzielle und existenzielle Fragen auf, die man sich vielleicht nie gestellt hat oder nie beantworten hat können, und die nunmehr einer erstaunlichen Klärung zugeführt werden.

Nein, es ist keine Literatur von »leichter Kost«. Aber ich kann mir nicht vorstellen, dass jemand, der dieses Buch achtsam und wachen Geistes zu Ende gelesen hat, danach hingeht und sein Leben gleichgültig und lieblos vergeudet. Die eindringlichen Argumente aus der Lektüre würden dazwischentreten und ihn daran erinnern, dass die Welt auf ihn wartet, auf seinen winzigen und doch eminent wichtigen Beitrag, auf dass sie eine Spur heiler und besser werde für alle. Ich kann mir nicht vorstellen, dass jemand, in dem die Worte des Verfassers nachklingen, diesen seinen Beitrag verweigern möchte.

Elisabeth Lukas, im April 2017

Danksagung

Es ist rund 25 Jahre her, dass ich als junger Student meine erste Vorlesung bei Professor Viktor Frankl an der Universität Wien hörte. Schnell reifte in mir der Wunsch, diesem wunderbaren Werk – der Logotherapie und Existenzanalyse – einen Großteil meiner damals gerade am Beginn stehenden akademischen Laufbahn zu widmen. Ich danke der Familie Viktor Frankls, vor allem Frau DDr. Eleonore Frankl, dafür, dass dieser Wunsch in einer Art und Weise in Erfüllung gehen konnte, wie ich es damals nicht zu träumen gewagt hätte. Vor allem danke ich für unsere Freundschaft, das Vertrauen und das Wohlwollen, die mich seither bei meiner Arbeit an der Bewahrung und Verbreitung des Frankl'schen Werks begleiten.

Besonders herzlichen Dank will ich meiner Lehrerin, Univ.-Prof. Dr. Elisabeth Lukas aussprechen – Generationen von Logotherapeuten verdanken ihrem Werk, ihrer Lehrtätigkeit und vor allem ihrem persönlichen Vorbild ein Verständnis für das Wesen der Logotherapie, das seinesgleichen sucht. Ihr – wie auch ihrem verstorbenen Ehemann, Gerhard Lukas – will ich für die freundliche und fürsorgliche Obhut während der Jahre der Logotherapie-Ausbildung und Supervision danken; danken will ich auch für den seither fortbestehenden treuen freundschaftlichen Kontakt und für die genaue Durchsicht der Erstfassung dieses Buchs, die hilfreichen Anmerkungen und Korrektur- oder Ergänzungsvorschläge und nicht zuletzt für das Verfassen des Nachworts.

Gedankt sei Frau Michaela Breit vom Kösel-Verlag für die beharrliche Ermutigung, den großen Schritt von der wissenschaftlichen Fach- zur Populärliteratur zu wagen und dieses Buch zu schreiben. Meiner Lektorin, Frau Julia Sterthoff, danke ich für die stets freundliche und geduldige Unterstützung und Begleitung während seines Entstehens und für die vermutlich zeitweise recht aufwendige Arbeit, meine stets zu langen Sätze auf leserfreundliche Längen zu kürzen.

Und schließlich: Gewidmet ist dieses Buch meiner Ehefrau Juliane und unseren Töchtern Leonie und Larissa. Mein sehnlichster Wunsch ist, dass einige der in diesem Buch formulierten Gedanken kleine Bausteine einer von Hoffnung und dem unerschütterlichen Glauben an das Gute getragenen Welt sind, an deren Aufbau alle, die guten Willens sind, nach freien Stücken mitarbeiten können. Möge es eine Welt sein, die dieser und künftigen Generationen eine sichere und wohlwollende Zukunft schenken wird: eine Welt der überwundenen Gleichgültigkeit.

Bibliografie

Allers, R. (1963/2008). *Abnorme Welten. Ein phänomenologischer Versuch zur Psychiatrie.* Hrsg., kommentiert und eingeleitet von A. Batthyány. Weinheim/Basel: Beltz

Batson, C. D. (1987). Prosocial Motivation: Is it ever truly altruistic? *Advances in Experimental Social Psychology*, 20, 65–122

Batthyány, A. & Shtukareva, S. (2016). *Pathology of the Zeitgeist across Europe and Russia: The 21st Century*. A Research Paper 22. Moscow: Moscow Institute of Psychoanalysis

Batthyány, A. (2015). *Paradoxe Effekte von positiven Selbstgesprächen und Selbstwert-Affirmationen: Rebound-Phänomen oder kontrollierter Prozess?* Vortrag auf der 2. Tagung für Philosophische Psychologie: Person – Umwelt – Verantwortung. Frankfurt/Main, Mai 2015

Batthyány, A. (2016). *Gehirn und Handlung.* Heidelberg: Universitätsverlag Winter

Batthyány, A., Guttmann, D. (2006). *Empirical Research in Logotherapy and Meaning-Oriented Psychotherapy*. Phoenix, AZ: Zeig, Tucker & Theisen

Batthyány, A. (2009). Mental Causation and Free Will after Libet and Soon: Reclaiming Conscious Agency. In: Batthyány, A. & Elitzur, A. (2009). *Irreducibly Conscious. Selected Papers on Consciousness*. Heidelberg: Universitätsverlag Winter

Batthyány, A.; Lewin, R. (2017; in Vorbereitung). Paradoxical Effects of Self-Esteem Support Programs. *Logotherapy and Existential Analysis. Proceedings of the Viktor Frankl Institute*. New York: Springer

Baumeister, R. F., Masicampo, E. J., & DeWall, C. N. (2009). Prosocial Benefits of Feeling Free: Disbelief in Free Will increases Aggression and reduces Helpfulness. *Personality and Social Psychology Bulletin*, 35 (2), 260–268

Becker, C. (2014). *Care in Life and Death.* Wien: The Future of Logotherapy II, Mai 2014: Proceedings

Bühler, C. (1933). *Der menschliche Lebenslauf als psychologisches Problem.* Leipzig: Hirzel

Bushman, B. J., Baumeister, R. F., & Stack, A. D. (1999). Catharsis, Aggression, and Persuasive Influence: Self-Fulfilling or Self-Defeating Prophecies? *Journal of Personality and Social Psychology*, 76 (3), 367–376

Cohen, D. (1952). Expectancy Effects on Dream Content in Psychoanalysis, Individual Psychology, and Analytical Psychology. *Modern Thought,* 1 (2), 151–159

Dugas, M., & Kruglanski, A. W. (2014). The Quest for Significance Model of Radicalization. *Behavioral Sciences & the Law*, 32 (3), 423–439

Ehrenwald, J. (1957). Doctrinal Compliance in Psychotherapy. *American Journal of Psychotherapy*, vol. 11, no. 2 (April), 359–379

Eisely, L. (1979). *The Star Thrower*. Dallas: Harvest Books

Eissler, K. (1955). *The Psychiatrist and the Dying Patient*. New York: International Universities Press

Frankl, V. E. (1933). Wirtschaftskrise und Seelenleben vom Standpunkt des Jugendberaters. *Sozialärztliche Rundschau*. 4: 43–46

Frankl, V. E. (1946). Leben wir provisorisch? Nein: jeder ist aufgerufen! *Welt am Montag* 11, 29. 4. 1946 und Notizen dazu (Viktor-Frankl-Schriftenarchiv & Nachlass)

Frankl, V. E. (1949). Aus der Krankengeschichte des Zeitgeistes. *Wiener Universitäts-Zeitung*. I/7

Frankl, V. E. (1953). Angst und Zwang. *Psychotherapy and Psychosomatics, 1* (2), 111-120

Frankl, V. E. (1975). Das Buch als Therapeutikum. Vortrag. Wiener Buchwoche. Wien, Hofburg 1975

Frankl, V. E. (1981). *Die Sinnfrage in der Psychotherapie*. Vorwort von Franz Kreuzer. München: Serie Piper

Frankl, V. E. (1985). *Der Mensch vor der Frage nach dem Sinn*. München: Piper

Frankl, V. E. (1993). *Theorie und Therapie der Neurosen. Einführung in die Logotherapie und Existenzanalyse*. München: Reinhard bei UTB

Frankl, V. E. (1996). *Logotherapie und Existenzanalyse in Theorie und Praxis*. Universitätsvorlesung am 16. Oktober 1996, Kliniken am Südgarten, Universitätsklinik für Psychiatrie, Wien. Mitschrift AB

Frankl, V. E. (1997a). *Der Mensch vor der Frage nach dem Sinn*. München: Piper

Frankl, V. E. (1997b). *Der Wille zum Sinn. Ausgewählte Vorträge über Logotherapie*. München: Piper

Frankl, V. E. (1998). *Der leidende Mensch. Anthropologische Grundlagen der Psychotherapie*. Bern: Huber

Frankl, V. E. (2005a). … *trotzdem Ja zum Leben sagen*. München: Kösel

Frankl, V. E. (2005b). *Ärztliche Seelsorge. Grundlagen der Logotherapie und Existenzanalyse*, Wien: Deuticke

Frankl, V. E. (2006). *Psychologie des Konzentrationslagers. Synchronisation in Birkenwald. Und ausgewählte Texte 1945-1993*. Gesammelte Werke Bd. 2, Hrsg. von A. Batthyány, Karlheinz Biller und Eugenio Fizzotti. Wien: Böhlau

Frankl, V. E. (2008). *Die Psychotherapie in der Praxis. Und Texte zur Angewandten Psychotherapie*. Gesammelte Werke Bd. 3, Hrsg. von A. Batthyány, Karlheinz Biller und Eugenio Fizzotti. Wien: Böhlau

Frankl, V. E. (2010). *Logotherapie und Existenzanalyse. Texte aus sechs Jahrzehnten*. Weinheim: Beltz

Freud, S. (1960). *Briefe 1873-1939*. Hrsg. von E. u. L. Freud. Frankfurt: S. Fischer

Frick, J. (2001). *Die Droge Verwöhnung. Beispiele, Folgen, Alternativen.* Bern: Huber

Fromm, E. (1968). *Der geistige Zustand Amerikas, in: Erich-Fromm-Gesamtausgabe* (GA) Band XI, Hrsg. von R. Funk. München: DVA

Gehlen, A. (1961). *Anthropologische Forschung. Zur Selbstbegegnung und Selbstentdeckung des Menschen.* Reinbek bei Hamburg: Rowohlt

Haapasalo, J., Aaltonen, T. (1999). Mothers' Abusive Childhood predicts Child Abuse. *Child Abuse Research* 8: 231–50

Haidt, J. (2007). The New Synthesis in Moral Psychology. *Science*, 316 (5827), 998–1002

Hambrick, D. Z., & Tucker-Drob, E. M. (2015). The Genetics of Music Accomplishment: Evidence for Gene-Environment Correlation and Interaction. *Psychonomic Bulletin & Review*, 22 (1), 112–120

Hasler, F. (2012). *Neuromythologie: Eine Streitschrift gegen die Deutungsmacht der Hirnforschung.* Bielefeld: Transcript

Healy, K., Kennedy, R., Sinclair, J. (1991). Child Physical Abuse observed Comparison of Families with and without History of Child Abuse treated in an In-Patient Family Unit. *British Journal of Psychiatry* 158: 234–37

Keysar, B., Lin, S., & Barr, D. J. (2003). Limits on Theory of Mind use in Adults. *Cognition*, 89 (1), 25–41

Kleiner, M. S. (2000). *Im Bann von Endlichkeit und Einsamkeit? Der Tod in der Existenzphilosophie und der Moderne.* Essen: Die blaue Eule

Kruglanski, A. W., Gelfand, M. J., Bélanger, J. J., Sheveland, A., Hetiarachchi, M., & Gunaratna, R. (2014). The Psychology of Radicalization and Deradicalization: How Significance Quest impacts Violent Extremism. *Political Psychology*, 35(S1), 69–93

Lukas, E. (1983). *Von der Tiefenpsychologie zur Höhenpsychologie. Logotherapie in der Beratungspraxis.* Freiburg: Herder

Lukas, E. (1989). *Psychologische Vorsorge.* Freiburg: Herder

Lukas, E. (1999). *In der Trauer lebt die Liebe weiter.* München: Kösel

Lukas, E. (2000). *Rendezvous mit dem Leben.* München: Kösel

Lukas, E. (2006). *Auf dass es Dir wohl ergehe. Lebenskunst fürs ganze Jahr.* München: Kösel

Lukas, E. (2008). *Den ersten Schritt tun.* München: Kösel

MacKenzie, M. J., Vohs, K. D., & Baumeister, R. F. (2014). You didn't have to do that: Belief in Free Will promotes Gratitude. *Personality and Social Psychology Bulletin*, 40 (11), 1423–1434

Martin, N., Rees, J. (2016). *Florence Foster Jenkins. Die wahre Geschichte der bekanntesten und zugleich untalentiertesten Sängerin aller Zeiten.* München: Goldmann

Mavissakalian, M., & Michelson, L. (1983). Self-directed in vivo Exposure Practice in Behavioral and Pharmacological Treatments of Agoraphobia. *Behavior Therapy*, 14 (4), 506–519

Mesoudi, A. (2011). *Cultural Evolution: How Darwinian Theory can explain Human Culture and synthesize the Social Sciences.* University of Chicago Press

Minnis, H., Marwick, H., Arthur, J., & McLaughlin, A. (2006). Reactive attachment disorder – a theoretical model beyond attachment. *European Child & Adolescent Psychiatry*, 15 (6), 336–342

Muller, R. T., Hunter, J. E., Stollak, G. (1995). The Intergenerational Transmission of Corporal Punishment: A Comparison of Social Learning and Temperament Models. *Child Abuse and Neglect*; 19: 1323–35

Nagata, K. (2011). *Meaning and Happiness*. Tokio: Conference Proceedings of the 16th Annual Meeting of The Japanese Society of Existential Therapy

Neimeyer, R. A., & Chapman, K. M. (1981). Self/ideal Discrepancy and Fear of Death: The Test of an Existential Hhypothesis. *OMEGA-Journal of Death and Dying*, 11 (3), 233–240

Nelson, R. R., & Winter, S. G. (2009). *An Evolutionary Theory of Economic Change*. Harvard University Press

Oliver, J. E. (1993). Intergenerational Transmission of Child Abuse: Rates, Research and Clinical Implications. *American Journal of Psychiatry* 150: 1315–24

Pronin, E., Lin, D. Y., & Ross, L. (2002). The bias blind spot: Perceptions of bias in self versus others. *Personality and Social Psychology Bulletin*, 28 (3), 369–381

Scheler, M. (1957). Schriften aus dem Nachlass, Bd. 1: Zur Ethik und Erkenntnislehre. Hrsg. von Maria Scheler. Bern und München: Francke-Verlag

Schulte, A. (1940). In ruhelosen Zeiten Ruhe finden: Wie ist das möglich? *Lichtbote*, 2, 3–4

Seneca, L. A. (1990). *Briefe an Lucilius*. Aus dem Lateinischen übersetzt von Heinz Gunermann, Franz Loretto und Rainer Rauthe. Dietzingen: Reclam

Shanafelt, T. D. (2009). Enhancing Meaning in Work: A Prescription for Preventing Physician Burnout and promoting Patient-Centered Care. *Journal of the American Medical Association*, 302 (12), 1338–134

Sheeran, P., Maki, A., Montanaro, E., Avishai-Yitshak, A., Bryan, A., Klein, W. M. P., Miles, E., & Rothman, A. J. (2016). The impact of changing attitudes, norms, and self-efficacy on health-related intentions and behavior: A meta-analysis. *Health Psychology*, 35, 1178–1188

Skinner, B. F. (1971). *Beyond Freedom and Dignity*. New York: Knopf

Smith, J. A. S., Adler, R. G. (1991). Children hospitalized with child abuse and neglect: a case-control study. *Child Abuse and Neglect* 15: 437–45

Spaemann, R. (1996). *Personen. Versuche über den Unterschied zwischen ›etwas‹ und ›jemand‹*. Stuttgart: Klett-Cotta

Stillman, T. F., Baumeister, R. F., Vohs, K. D., Lambert, N. M., Fincham,

F. D., & Brewer, L. E. (2010). Personal Philosophy and Achievement: Belief in Free Will predicts Better Job Performance. *Social Psychological and Personality Science*, 1 (1), 43–50

Strasser, S. (1956). *Das Gemüt. Grundgedanken zu einer phänomenologischen Philosophie und Theorie des menschlichen Gefühlslebens*. Freiburg: Herder

Tei, S., Becker, C., Sugihara, G., Kawada, R., Fujino, J., Sozu, T. & Takahashi, H. (2015). Sense of Meaning in Work and Risk of Burnout among Medical Professionals. *Psychiatry and Clinical Neurosciences*, 69 (2), 123–124

Tomer, A., Eliason, G. T., & Wong, P. T. P. (Eds.). (2008). Existential and spiritual issues in death attitudes. New York, NY: Lawrence Erlbaum Associates

Vohs, K. D., & Schooler, J. W. (2008). The Value of Believing in Free Will: Encouraging a Belief in Determinism increases Cheating. *Psychological Science*, 19 (1), 49–54

Wilson, T. (2002). *Strangers to Ourselves: Discovering the Adaptive Unconscious.* Harvard: Harvard University Press

Über den Autor

Prof. Dr. Alexander Batthyány, geb. 1971, ist der Direktor des Viktor-Frankl-Instituts in Wien, unterrichtet Theoretische Grundlagen der Cognitive Science an der Universität Wien sowie Logotherapie und Existenzanalyse an der dortigen Universitätsklinik für Psychiatrie. Er ist Inhaber des Viktor-Frankl-Lehrstuhls für Philosophie und Psychologie in Liechtenstein und seit 2011 Gastprofessor für existentielle Psychologie in Moskau. Batthyány ist Autor und Herausgeber zahlreicher Fachpublikationen, die in über zehn Sprachen übersetzt wurden, und hält zahlreiche Vorträge und Gastvorlesungen im In- und Ausland. Er lebt in Wien.